Le Grand Méchant Marché

Décryptage d'un fantasme français

ISBN : 978-2-0812-1307-4

Augustin Landier
David Thesmar

Le Grand Méchant Marché

Décryptage d'un fantasme français

Champs actuel

Introduction

« On fait de l'argent sur le dos des gens et après on fiche tout le monde dehors. La dictature de la rentabilité financière ça suffit. » Ces propos ne sont pas extraits d'un tract de la Ligue communiste révolutionnaire, ni même du préambule au programme du Parti socialiste. Qu'ils aient été prononcés par Jacques Chirac [1] en pleine bataille boursière d'Arcelor contre Mittal montre à quel point ils reflètent le consensus politique dans la France d'aujourd'hui. Politiques, experts et commentateurs, bien peu en doutent : livrée aux aléas du capitalisme financier, la France est menacée dans son économie et dans ses équilibres sociaux.

Cet effroi, l'opinion publique le partage. Presque chaque jour, un nouveau sondage le confirme. Selon une enquête publiée le 4 novembre 2005 par *Libération*, pour 61 % des Français, le capitalisme évoque quelque chose de négatif.

1. « L'Élysée défend avec vigueur la fusion d'Arcelor avec Severstal », *Le Monde*, 30 mai 2006.

En effet, il est autant, voire davantage, vecteur d'aliénation et d'inégalités que de richesse. 45 % des personnes interrogées pensent que ce système économique conduit à l'accumulation de richesses dans les mains d'un petit nombre. 41 % l'identifient à l'exploitation de l'homme par l'homme, alors que seuls 40 % lui reconnaissent la capacité de susciter l'enrichissement de la société dans son ensemble.

Les Français disent donc non au marché. Utilisant une grille de lecture qui leur est propre (au point qu'elle est intraduisible dans d'autres langues), ils s'effraient de la « financiarisation » grandissante de l'économie qu'ils opposent à la logique industrielle. La montée en puissance des actionnaires au capital de nos entreprises est désignée comme responsable de la souffrance sociale : les entreprises délocaliseraient-elles sans les exigences toujours plus gloutonnes des « fonds de pensions » anglo-saxons ? Nos dirigeants ne seraient-ils pas plus humains et moins enclins à appliquer les dernières mesures de *cost-cutting* à la mode s'ils n'avaient pas à chaque instant l'œil rivé aux cours de Bourse comme des adolescents collés à leur console de jeu vidéo ?

Face à cette certitude collective, Nicolas Sarkozy, bien qu'il ait tout fait pour se démarquer de son successeur, s'est résigné à suivre, au moins dans le discours, la ligne de plus grande pente. « Les valeurs fondamentales du capitalisme sont celles de l'effort, du travail, de l'entreprise et non celles de la spéculation, de la rente ou de l'aubaine, et [...] à travers les marchés financiers, l'actionnaire ne peut pas décider tout seul de la marche de l'économie. La libre concurrence n'est pas plus compatible avec les dumpings de toutes sortes que le capitalisme entrepreneurial n'est compatible avec la prise totale de pouvoir par la finance et la soumission de la logique de la production à la logique financière[1]. » Vive l'entrepreneur, mort au spéculateur. La formule sonne si bien qu'elle semble offrir au marxiste qui sommeille en chacun de nous l'exutoire qui lui manquait depuis la chute du mur de Berlin. On peut donc encore parler du grand méchant capital.

Ce livre examine à la loupe des données statistiques la part de mal-être économique qui peut être attribuée au capitalisme financier. Cette nouvelle pensée unique qu'est la révolte contre le « grand méchant loup » du libéralisme financier résiste mal à la confrontation aux faits. Le capitalisme financier n'est pas l'instrument du vieux conflit capital-travail qui hante le débat politique depuis plus d'un siècle. Nous le verrons, le capitalisme actionnarial n'induit pas non plus la myopie industrielle pour laquelle on le blâme, mais permet au contraire le financement de projets de très longue haleine. De manière générale, le constat quantitatif est univoque : la finance est l'amie de l'emploi, pas son fossoyeur. Les restructurations financières, les OPA hostiles, ne sont pas l'arsenal que les capitalistes utilisent pour s'approprier les profits au détriment des salariés.

Comment, dès lors, comprendre l'allergie à la finance qui s'est développée chez nos concitoyens ? Ce qui est frappant dans ce phénomène de rejet de l'économie libérale, c'est à quel point il s'agit d'une singularité française.

Selon un sondage international mené par l'université du Maryland, 71 % des Américains et 66 % des Britanniques pensent que « les principes de la libre entreprise et de

1. Conférence de presse du 8 janvier 2008.

l'économie de marché sont le meilleur système sur lequel fonder l'avenir du monde ». Seuls 36 % des Français interrogés pensent de même. Seconde surprise de ce sondage, cette attitude n'est pas partagée par nos voisins d'Europe continentale : les deux tiers des Allemands, des Italiens ou des Polonais font confiance à l'économie de marché.

Selon nous, l'exception anti-capitaliste française renvoie non pas à une « exception culturelle » intemporelle mais à l'exception historique des années d'après guerre. Contre-exemple cinglant à la *doxa* libérale qui oppose efficacité et centralisation, État et performance, les Trente Glorieuses ont été ce moment béni où le dirigisme économique semblait garantir à la fois une croissance élevée et la sécurité de l'emploi. Or, depuis que, dans les années 1980, l'État a libéralisé tous azimuts et privatisé en masse, rien ne va plus : la croissance se traîne, les inégalités se creusent, le chômage de masse persiste.

Le rejet du capitalisme moderne va de pair avec la nostalgie des Trente Glorieuses, parenthèse de l'histoire un peu exceptionnelle, où un État dirigiste a pu se porter garant de l'avancée conjointe du progrès social et du progrès technique. À droite comme à gauche, des voix de plus en plus nombreuses s'élèvent pour appeler à la reprise en main de l'économie par l'État, de la re-nationalisation d'EDF au patriotisme économique en passant par l'apologie consensuelle de la Caisse des dépôts et consignations, seul bailleur de fonds crédible d'une croissance durable et équilibrée. Si personne n'admet vouloir revenir au temps de l'économie administrée, les vieux réflexes ont la vie dure, et devant les difficultés de notre pays, la tentation est grande d'en rester au « capitalisme light » qui est le nôtre, héritier des réformes des années 1980, ambitieuses mais stoppées en rase campagne.

Il est coûteux de tergiverser. C'est justement cet entre-deux mal assumé qui génère malaise et l'inquiétude. L'épargne et le marché du travail sont encore largement structurés par des institutions modelées pendant les Trente Glorieuses. L'absence de fonds de pensions français fait de notre pays la terre d'élection des investisseurs étrangers. Le besoin de contrôler nos grandes entreprises a favorisé l'émergence d'une élite dirigeante qui hésite entre sa vocation de grand commis et celle de mercenaire au service de ses actionnaires. Le branchement d'une finance ultra-moderne sur un marché du travail rigide est source d'incertitude et de chômage.

Ces mutations inachevées, ce capitalisme allégé sont à l'origine du malaise. On se tromperait en voyant, dans la crise de légitimité que traverse le marché, une fatalité culturelle : s'il y a un atavisme français, celui-ci est plus anti-étatique qu'anti-capitaliste. À rebours des idées reçues, l'histoire de notre pays le confirme : au début du XXe siècle, qui s'émouvait que les compagnies de chemins de fer ou d'électricité fussent privées ? Le marché financier français était l'un des plus gros et des plus dynamiques du monde. Le consensus, dans la classe politique comme dans l'administration, était celui d'une intervention minimale d'un État jugé incompétent.

Plutôt que la réinvention d'un nouveau capitalisme hybride qui singulariserait notre pays dans le concert des nations, c'est l'application plus poussée des outils de la finance moderne, par exemple aux fins de restructurer notre système de retraite, qui pourra réconcilier les citoyens avec l'économie, et leur assurer une prospérité partagée.

Chapitre 1

Logique financière contre logique industrielle

Chaque époque est habitée par ses propres poncifs économiques. Vissées à l'esprit du temps par des formules chocs et des métaphores colorées qui leur donnent l'apparence de la logique, ces idées trop bien partagées ne laissent guère aux hommes politiques la possibilité de s'en démarquer. Le coût pour la collectivité d'un poncif infondé peut pourtant se révéler bien lourd.

Dans les années 1930, les vignerons français tentaient en vain de résoudre la crise de leur industrie en arrachant, sur les encouragements du gouvernement, leurs pieds de vigne. C'est la référence commune à un modèle économique erroné qui inspirait cette stratégie aussi inefficace que celle d'un baron de Münchhausen tirant ses cheveux pour s'élever dans les airs. La chute des prix était à l'époque comprise, presque par réflexe, comme une crise de surproduction, tant la notion keynésienne de faiblesse de la demande était encore étrangère aux intuitions. Pour combattre la baisse des prix, plutôt que de stimuler la demande, il semblait alors évident qu'il valait mieux réduire l'offre – le nombre de pieds de vignes[1].

Dans l'ensemble des grands pays industrialisés, une erreur similaire a fait des ravages à l'époque : la crispation sur l'étalon-or. L'historien américain Peter Temin montre à quel point l'ampleur de la crise de 1929 tient à un attachement tout aussi irrationnel qu'unanime à la convertibilité du dollar en or[2]. Cette croyance était partagée dans les années 1930 par les leaders syndicaux tout autant que par les banquiers centraux, les politiciens de droite comme de gauche. Certes, une monnaie forte permet d'emprunter moins cher, de mieux rémunérer l'épargne ; mais dans certaines circonstances exceptionnelles, la dévaluation accélère la reprise d'une économie en difficulté. Cette « mentalité étalon-or » a limité les capacités d'adaptation des dirigeants politiques et économiques au choc de la grande dépression, et rendu celle-ci plus longue et plus douloureuse.

Ainsi l'histoire des idées enseigne que des théories économiques erronées peuvent recevoir le statut d'évidence incontestable, alors même qu'elles font des ravages dans le pays réel. Comme aucune époque – pas même la nôtre – n'est à l'abri des idées reçues, il est sain de s'interroger sur la validité de thèses économiques que nous avons peut-être tendance à accepter trop facilement. Nous commencerons dans ce chapitre par la « myopie de la finance ».

La théorie est aussi simple qu'intuitive : les marchés financiers exigent des rendements de court terme élevés et

1. Jean-Charles Asselain, *histoire économique de la France du XVIIIe siècle à nos jours*, Seuil, 1984.

2. Peter Temin et Barry Eichengreen, « The Gold Standard and the Great Depression », NBER Working Paper n° 6060.

forcent donc nos managers à sacrifier la croissance de long terme pour dégager des profits immédiats. Cette théorie n'est pas nouvelle. Elle est portée en France depuis de nombreuses années par des économistes reconnus, notamment dans l'école de la régulation, qui opposent la « logique financière » et la « logique industrielle ». Pour reprendre les termes de Michel Aglietta, l'un des pères de ce courant de pensée, nous sommes dans un régime de sous-investissement dû à « la pression des investisseurs institutionnels pour améliorer le rendement du capital »[1].

Aujourd'hui, cette posture hostile à la finance a pénétré le discours ambiant bien au-delà des cercles d'extrême gauche. Porté par des économistes de tous bords, le nouveau consensus est que la tyrannie de la finance condamne les entreprises à un « capitalisme sans projet »[2]. Rares sont ceux qui osent contredire cette évidence apparente, d'autant que certains de nos capitaines d'industrie les plus en vue la reprennent à leur compte, ce qui les conduit à préconiser des mesures de protection contre la folie des marchés. Convaincus que les investisseurs institutionnels forcent les entreprises à dégager des rendements absurdement élevés – la fameuse « dictature des 15 % » – ils dénoncent un véritable gâchis industriel. Les patrons seraient forcés de renoncer à leurs projets les plus ambitieux, qui consommeraient de l'argent sans en rapporter immédiatement. Un récent livre à succès, écrit par un ancien grand dirigeant, l'affirme sans ambages : à « 15 %

1. Michel Aglietta, « La globalisation financière », in *Économie mondiale*, La Découverte, « Repères », 2000.
2. Patrick Artus et Marie-Paule Virard, 2005, *Le capitalisme est en train de s'autodétruire*, La Découverte, 2005.

de rendement voulu pour les actionnaires, les grands groupes cotés n'ont plus la possibilité de procéder à tous les investissements souhaitables : une exigence excessive fabrique du malthusianisme »[1]. Cette position reflète le consensus d'une large fraction du monde patronal.

Étonnante unanimité : patrons, politiques, économistes et intellectuels de tous bords se retrouvent côte à côte pour vilipender le nouveau bouc émissaire. Si la France n'investit pas assez, ce n'est plus à cause d'un patronat timoré et malthusien – comme l'affirmait la vulgate des années 1930 – mais à cause des financiers myopes, erratiques et irrationnels auxquels nos entreprises sont aujourd'hui livrées.

La Bourse et le long terme

Les marchés d'actions seraient-ils myopes ? Sous-estiment-ils les entreprises qui investissent dans des projets de long terme ? Contraignent-ils impitoyablement nos patrons à liquider leurs ambitions d'avenir pour doper les profits d'aujourd'hui ?

Il ne s'agit pas d'une question idéologique mais bel et bien d'une question empirique : nous disposons de bases de données suffisamment étoffées pour y répondre de manière non ambiguë. Regardons l'ensemble des entreprises cotées en Bourse en 2004 aux États-Unis (le temple de la prétendue myopie financière mondiale), soit un peu

1. Jean Peyrelevade, *Le Capitalisme total*, Seuil, « La République des idées », 2005.

plus de 6 000 entreprises[1]. *Un tiers* d'entre elles font cette année-là des pertes[2]. On peut alors se demander si le marché « pénalise » ces entreprises non profitables, qui présentent à leurs actionnaires des rendements sur capital négatif. Si elle s'applique à quiconque, c'est bien sur elles que devrait peser la fameuse dictature des 15 % de rendements sur fonds propres, les obligeant à vendre leurs bijoux de famille, licencier massivement, bref, à renoncer à leurs ambitions de long terme.

Or il n'en est rien. Pour l'établir, calculons le « Market-to-Book ratio » de ces entreprises déficitaires, c'est-à-dire le rapport de la valeur de marché de l'entreprise (ce qu'il faut payer pour en racheter toutes les actions et la dette, et donc la posséder entièrement) et de sa valeur comptable (la valeur des machines, brevets et stock au prix où elle les a achetés). Si une entreprise est « punie par la Bourse », son « Market-to-Book ratio » devrait être peu élevé. Au contraire, les « chouchous » du marché sont les entreprises qui ont un « Market-to-Book » élevé. Ce qu'on observe est la chose suivante : le « Market-to-Book » des entreprises faisant des profits négatifs est très significativement *plus élevé* que celui des entreprises profitables (de 50 % pour être précis) : c'est donc, à rebours de la théorie du court-termisme, pour les entreprises à profits négatifs que la Bourse semble montrer le plus de sympathie !

1. Les chiffres qui suivent sont basés sur les calculs des auteurs à partir des données comptables fournies par Standards & Poors (base COMPUSTAT), pour l'année 2004.

2. Ce chiffre ne tient pas au choix de 2004, il est le même en 2003.

Quelle est la raison de cet apparent paradoxe ? Elle est simple. Les entreprises non profitables sont plus jeunes, dépensent en moyenne trois fois plus en recherche et développement. C'est donc la promesse de profits futurs dus à l'innovation qui fonde l'enthousiasme boursier pour ces entreprises aujourd'hui déficitaires, et qui, pour les plus chanceuses, mettront des années à ne plus l'être. C'est le cas par exemple dans le secteur des biotechnologies. Les « biotechs » investissent dans des programmes de recherche de médicaments nouveaux, projets à la fois très coûteux et très incertains, qui s'étalent sur des dizaines d'années. Le marché boursier s'est pourtant montré ouvert au financement de ces projets : plus de 4 milliards de dollars ont été levés en Bourse aux États-Unis en 2003 par ce jeune secteur industriel alors même que seules 12 des 50 plus grosses « biotechs » étaient profitables cette année-là [1]. Il s'agit là d'un phénomène général : les entreprises n'attendent pas d'être profitables pour s'exposer au marché boursier. Les économistes Steve Kaplan et Per Stromberg montrent que 82 % des entreprises qui s'introduisent en bourse ne sont pas bénéficiaires. [2] Trois ans plus tard elles sont encore plus nombreuses (85 %) à être déficitaires, et leurs pertes se sont creusées très fortement. Ce n'est pas parce que la Bourse nuit à leur santé, mais au contraire, parce que le marché boursier, leur évitant le recours à la dette, rend possible une politique de croissance agressive.

1. « Biotech's Dismal Bottom Line : More Than USD 40 Billion in Losses », *Wall Street Journal*, 20 mai 2004.

2. Steven Kaplan, Berk Sensoy et Per Strömberg, 2005, « What Are Firms ? Evolution from Birth to Public Companies », Document de travail du NBER.

Celle-ci se lit dans les données : leurs pertes s'aggravent mais leur taille est multipliée par dix en trois ans. Une fois en Bourse, ces entreprises investissent *davantage*, alors même qu'elles sont déficitaires.

Ce qui ne veut pas dire que leurs actionnaires s'appauvrissent. Pour avoir les idées claires, il est important ici de distinguer la performance *boursière* de la performance *comptable* de l'entreprise. La performance comptable, c'est une mesure des profits que l'entreprise dégage une année, un semestre ou un trimestre donné. Par exemple, Alcatel a pour sa dernière année fiscale un rendement des capitaux propres de 14,9 %, ce qui signifie qu'en 2005, pour 100 euros de fonds propres – le patrimoine de la société tel qu'il apparaît à son bilan –, Alcatel a dégagé un résultat net de 14,9 euros.

La performance boursière est quant à elle mesurée par la hausse du prix de l'action. Celle d'Alcatel est plutôt médiocre : l'action est un peu en dessous de 10 euros début septembre 2006, comme en septembre 2005 ou septembre 2004. Ainsi, les actionnaires ne se sont pas du tout enrichis au cours des deux dernières années. Bizarrement, le rendement boursier est nul, alors que du point de vue comptable, la société se porte bien.

Comment réconcilier ces deux mesures ? La raison tient justement au fait que la Bourse anticipe à long terme. Une action donne droit à une fraction des profits futurs de l'entreprise. Lorsque son prix augmente, c'est en général précisément parce que le marché anticipe une augmentation jusqu'alors inattendue de ces profits futurs – nous reviendrons plus bas sur la capacité prédictive des marchés.

Alcatel peut être une entreprise très bien gérée et très profitable *aujourd'hui*, mais le marché craint que ces profits ne durent pas longtemps. En effet, l'entreprise française subit les assauts répétés de concurrents asiatiques, plus compétitifs. Les opérateurs Télecom sont peu nombreux et très concentrés, et forcent les équipementiers de télécommunications à se livrer à une concurrence sauvage. Enfin, les évolutions technologiques se succèdent à un rythme endiablé dans ce secteur, si bien qu'aucune situation n'est jamais acquise pour longtemps. Pour toutes ces raisons, Alcatel a d'ailleurs récemment décidé de fusionner avec son concurrent Lucent.

Si, comme dans le cas d'Alcatel, les actionnaires s'attendent de la part de grosses entreprises du CAC 40 à des profits courants relativement élevés, c'est que ces entreprises sont mûres : elles sont pour la plupart sur la deuxième partie de leur cycle de vie, celle où les revenus sont supérieurs à l'investissement. Le fait que ces profits sont élevés, alors même que leur performance boursière est médiocre le traduit bien : on en attend peu de croissance dans le futur. Voilà pourquoi, dans ces sociétés « mûres », une partie plus faible du revenu est réinvestie. L'essentiel est reversé aux actionnaires sous forme de dividendes ou de rachats d'actions (deux méthodes pour payer l'actionnaire qui, mis à part leur traitement fiscal, sont strictement équivalentes) et sera réinvesti par les épargnants eux-mêmes dans des entreprises plus jeunes. La rancœur des entreprises d'un certain âge face à ce « jeunisme » permanent est compréhensible. Mais si ce cycle de l'investissement n'existait pas, notre parc d'entreprises ne se renouvellerait pas et serait intégralement composé de multi-centenaires.

Un dernier argument en faveur du « long-termisme » des marchés financiers est théorique. Même un actionnaire qui compte revendre rapidement n'a pas à se soucier de l'horizon des projets de l'entreprise : il pourra revendre ses actions à un prix qui reflète la valeur des projets entrepris, que leur horizon soit long ou court. C'est d'ailleurs la raison pour laquelle la Bourse a été inventée dans la Hollande du XVIIe siècle : pour permettre aux armateurs de revendre leurs parts dans des bateaux qui n'étaient pas encore revenus [1]. En vendant, ils touchaient, par anticipation, les profits que ces bateaux rapporteraient, moins une décote liée au risque – de piraterie, de naufrage. Le marché contemporain des actions a conservé cette fonction initiale : même si l'entreprise investit dans un projet qui ne deviendra rentable que dans dix ans, son actionnaire peut en toucher, dans les dix secondes, tous les profits futurs en revendant ses parts. De ce point de vue, la théorie économique confirme les faits : le marché n'est pas myope.

Patrons et financiers : la répartition des rôles

Comment comprendre dès lors que de grands capitaines d'industrie, a priori bien placés pour nous informer sur le sujet, se plaignent de manière aussi récurrente de la tyrannie des marchés ? Il serait en fait aussi absurde de s'en

1. Voir par exemple Niall Ferguson, *Empire*, Basic Books, 2002.

étonner que d'être surpris d'entendre un automobiliste récriminer contre les limites de vitesse ou des étudiants se plaindre de la dureté, de l'inutilité ou de l'aléa des examens qu'on leur impose. Les patrons sont ici dans leur rôle : ils cherchent en toute bonne foi à piloter leur entreprise vers le succès et les marchés sont là pour les contraindre, leur éviter de dériver vers des excès d'enthousiasme. Le scepticisme est la fonction même de l'actionnaire, qui à chaque instant se demande « n'y a-t-il pas mieux ailleurs ? » tandis que le patron lie son destin à celui de l'entreprise et de sa stratégie. De son point de vue, le regard critique de l'actionnaire de court terme à l'affût de plus-values rapides est bien évidemment une intrusion pénible. Mais les hommes politiques qui se laissent convaincre par ce discours patronal et cherchent à limiter la fluidité des marchés financiers se trompent de cible. Car ce partage du pouvoir est en réalité une répartition efficace des rôles.

En 2000, Jean-Marie Messier publiait son fameux livre-manifeste *J6M.com.* [1] Les positions du patron de Vivendi à l'égard des marchés ne sont à l'époque teintées d'aucune acrimonie : J2M croit au capitalisme boursier, mais ce n'est pas sans une certaine fierté qu'il raconte comment il a su résister à la tentation de « donner satisfaction aux marchés » qui le poussaient à vendre Vivendi Environnement pour 30 milliards d'euros au groupe allemand RWE. « Accepter le chèque du Dr Kunt [patron de RWE], [...] c'était renoncer à une stratégie qui m'a toujours paru la meilleure pour le groupe Vivendi : marcher sur deux jambes, être à la fois dans la vieille et la nouvelle économie,

1. Jean-Marie Messier, *J6M.com*, Hachette Littératures, 2000.

dans les métiers de l'eau et d'Internet. » Messier est à l'époque convaincu de servir les intérêts de long terme des actionnaires contre leur propre volonté.

On sait désormais que cette certitude de pouvoir détromper les anticipations du marché était infondée. Lorsque, dans un geste qui clôt définitivement l'ère Messier, Vivendi vendra ses derniers titres Veolia en 2006, ce sera sur la base d'une valorisation de l'ancien Vivendi Environnement inférieure à 17 milliards. Le modèle du conglomérat diversifié, dont Messier persistait en 2000 à se faire l'apôtre, est passé de mode depuis la fin des années 1980, sous la pression indirecte des actionnaires. Les financiers ayant remarqué que les entreprises créent plus de valeur lorsqu'elles se concentrent sur un domaine de compétence, boudent (à quelques exceptions près) les conglomérats : c'est ce qu'on appelle la « décote de conglomérat »[1]. En toute bonne foi, Messier pensait sans doute être « différent de la moyenne » et pouvoir ressusciter ce modèle. Dans le cas Vivendi, c'est le marché qui aurait pu faire le bonheur de Messier (et de ses actionnaires) malgré lui en le ramenant au réel. En définitive, c'est plus de la dictature du patron, que de celle du marché, que les actionnaires de Vivendi ont lieu de se plaindre...

Les grands managers sont souvent choisis pour leur personnalité exubérante. C'est précisément leur tempérament enthousiaste, leur optimisme contagieux, qui fait leur force de meneurs d'hommes. Choisir des hommes capables de rallier leurs troupes, de mobiliser les énergies : le charisme

1. Berger et Ofek, « The Conglomerate Discount », *Journal of Financial Economics*, 1995.

de nos dirigeants est de plus en plus mis en avant comme une qualité requise[1]. La contrepartie, c'est que l'impartialité du regard froid et comparatif de l'actionnaire est une jauge plus que jamais utile, qui allume des voyants rouges lorsqu'un patron se laisse enthousiasmer au-delà du raisonnable. Empêcher les actionnaires de pouvoir vendre « à volonté », ce serait priver les conseils d'administration de cette jauge et les patrons de cet aiguillon agaçant mais finalement utile, un peu comme une limite de vitesse : c'est la folie des grandeurs et non l'investissement de « long terme » que les marchés pénalisent.

C'est pourquoi les grosses acquisitions, perçues comme un symptôme de « dérive impériale », sont souvent suivies d'une réaction négative du cours en Bourse[2]. Si cette chute, lorsqu'elle se produit, était injustement sceptique, elle devrait être corrigée à long terme par une remontée du cours, or ce n'est pas ce qui se produit en moyenne (c'est même le contraire[3]). Lorsque le cours de Vivendi décroche de près de 30 % à la suite de l'annonce de l'acquisition de Seagram en juin 2000, la presse économique, volontiers à l'écoute des managers, s'inquiète de voir « les stratégies d'entreprise perturbées par une Bourse

1. Rakesh Khurhana, *In Quest of a Corporate Savior*, Harvard Business School Press, 2002.

2. Moeller, Sara B., Frederik P. Schlingemann et Rene M. Stulz, « Wealth destruction on a massive scale ? A study of acquiring-firm returns in the recent merger wave », Working Paper, n°. 10200, National Bureau of Economic Research, 2004.

3. Michael H. Bradley et Anant K. Sundaram, « Do Acquisitions Drive Performance or Does Performance Drive Acquisitions ? », Duke University Working Paper, 2004.

toujours plus versatile[1] ». Ce décrochage n'était pourtant pas, on le sait maintenant, une « erreur » d'anticipation : c'est là aussi au marché que l'histoire a donné raison.

Autre exemple : lorsqu'un mois plus tard, en décembre 2000, Frank Riboud décide d'acquérir l'américain Quaker Oats, le scepticisme de la Bourse inflige au cours de l'action Danone une correction de 13,5 %, obligeant son patron à renoncer à l'acquisition (l'action remonte alors immédiatement de 6,5 %). Les journalistes de *L'Expansion* se font écho à l'époque d'un banquier d'affaires anonyme : « Cette affaire est très inquiétante et absurde, s'alarme un banquier spécialiste des acquisitions transfrontalières. Sacrifier la stratégie à moyen terme d'une entreprise face à un marché boursier aussi peu construit dans ses raisonnements pose un sérieux problème[2]. » Là aussi, il faut savoir décrypter : les banquiers d'affaires ne sont pas sur ce sujet des experts impartiaux. Si les patrons ont parfois tendance à privilégier une logique de construction d'empire sur celle de la rentabilité, les motivations financières des banquiers en font les plus infatigables avocats des acquisitions : ils reçoivent en effet des honoraires très importants lorsqu'ils réussissent à mener une transaction à son terme.

1. « La loi des marchés contre la volonté des patrons », *L'Expansion*, 7 décembre 2000.
2. *Ibid.*

L'arbitrage et ses limites

N'est-il cependant pas dangereux de verser dans un extrême inverse, celui d'une foi aveugle en l'infaillibilité des marchés ? Par quel miracle les cotes boursières pourraient-elles prédire les profits futurs des entreprises ? Il suffit de connaître quelques boursicoteurs fantasques pour douter que le jugement accumulé de tels parieurs, fussent-ils des milliers, puisse magiquement faire converger les prix vers leur valeur fondamentale.

Le discours de l'économiste Stephen Ross, professeur au Massachusetts Institute of Technology (MIT), est bien loin de cette version un peu métaphysique de l'efficacité de marché, proposée par le penseur libéral Friedrich Hayek, qui voyait en chaque individu le mini-rouage inconscient d'une gigantesque machine à calculer décentralisée. À la magie de la main invisible, Steve Ross, qui est considéré comme l'un des penseurs clés de la finance moderne, substitue une autre image de l'efficience des marchés[1]. Certes, des milliers de « brebis » erratiques, peu informées et peu rationnelles, achètent et vendent un peu au hasard chaque jour en Bourse. Mais ce qui fait la justesse des prix, ce n'est pas que les brebis sont collectivement inspirées à rester dans le bon chemin (comme dans la machine à calculer géante de Hayek) : ce sont les loups à l'affût qui sautent sur les brebis quand elles s'écartent trop du chemin. Pour Steve Ross, il suffit de quelques loups pour que le gros du troupeau reste sur le chemin

1. Stephen A. Ross, *Neoclassical Finance*, Princeton University Press, 2004.

du « juste prix ». Car c'est cela, la spécificité d'un marché financier fluide : si une action devient nettement sous-évaluée par rapport à sa valeur fondamentale (les profits futurs de l'entreprise), un investisseur averti peut en profiter en achetant l'action, et cette demande accrue ramène le prix vers sa juste valeur. Inversement, si une action est surévaluée, le même investisseur peut parier à la baisse en vendant l'action à découvert[1]. On appelle arbitrage de telles transactions, où un profit est réalisé quasiment sans risque, en exploitant une « erreur du marché ».

Comme l'immense majorité des économistes et financiers, Steve Ross n'a pas la naïveté de croire que le marché ne commet jamais d'erreur. Ce qui est plus étonnant est l'élégance avec laquelle l'économiste américain établit que ces erreurs sont très petites. En filant notre métaphore, il s'agit pour connaître le nombre de brebis qui se sont écartées du droit chemin, de compter celles qui ont été mangées par les loups. Steve Ross propose donc d'additionner les profits des *hedge funds*, ces loups qui exploitent avec avidité les erreurs de valorisation du marché. En effet, leurs profits mesurent l'écart entre le prix de marché et le véritable prix des titres mal évalués. Steve Ross calcule ainsi que ces erreurs sont une infime fraction de la valeur totale des entreprises cotées en Bourse. Les prix sont justes, à moins de 1 % près. Autrement dit, le marché n'est pas parfait, mais presque, car les opportunités d'arbitrage y sont infimes. Il s'agit au fond d'une version élaborée de la

1. Une vente à découvert consiste littéralement à vendre une action que l'on n'a pas. Pour cela, le vendeur emprunte l'action en s'engageant à la rendre plus tard en l'achetant sur le marché le moment venu. Si le cours de l'action baisse, cette opération est gagnante.

boutade de Milton Friedman qui disait « si vous me dites qu'un dollar traîne sur le trottoir, je peux vous dire les yeux fermés qu'il n'y est pas : soit vous mentez, soit quelqu'un l'aura déjà pris ».

En fait, il n'y a rien d'étonnant à cela. La mutation spectaculaire de la finance depuis l'après-guerre en fait un des secteurs les plus importants[1] et les plus consommateurs de matière grise de l'économie. Cela laisse peu de place aux grosses erreurs. Quelques *hedge funds* font leur fortune de la moindre petite déviation, la rectifiant par là même. La leçon du professeur Ross est que les profits récoltés par ces « spéculateurs rationnels » sont une infime fraction de l'immense masse des capitaux investis. En revanche, le travail de ces financiers est utile à tous car il garantit que le prix des actions reflète la valeur économique des entreprises.

Hors les *hedge funds*, rares sont ceux qui « font de l'argent » en Bourse, car avoir raison contre le marché financier, c'est avoir raison contre la plus grande armée de mathématiciens, physiciens et informaticiens jamais réunie. Les économistes américains Bard Barber et Terrance Odean ont montré que les boursicoteurs américains se faisaient systématiquement battre par le marché... car ils effectuent trop de transactions et enrichissent surtout leurs courtiers[2]. Mais le même constat s'applique aux professionnels de la gestion d'actifs ! Les données rassemblées par les économistes montrent que les organismes de gestion

1. Le secteur financier représente aux États-Unis 12 % de la production nationale.

2. Terrance Odean, « Do Investors Trade Too Much ? », *American Economic Review,* 1999.

collective qui gèrent leurs portefeuilles de manière active, en n'achetant que les actions qu'ils jugent les plus prometteuses, n'offrent pas à leurs clients des performances supérieures à ceux qui reproduisent mécaniquement des indices boursiers (comme le CAC 40)[1]. Les marchés sont si efficaces, les prix sont si justes, que le talent des gestionnaires d'épargne collective en devient imperceptible[2].

Il n'y a au fond qu'un type d'anomalie que les *hedge funds* ne savent pas bien arbitrer : ce sont les bulles spéculatives qui concernent l'*ensemble* du marché. Ces bulles correspondent à des phénomènes d'une ampleur et d'une durée telles qu'aucun acteur financier n'a les poches assez profondes pour les arbitrer : par exemple, un investisseur qui aurait parié contre la bulle Internet en 1998 aurait perdu beaucoup d'argent en 1999, mais le pari se serait révélé payant en 2002[3] ! Même dans ces périodes de surévaluation globale, les financiers continuent à comparer les

1. Contrairement aux *hedge funds*, ces fonds ne vendent pas à découvert, c'est-à dire qu'ils ne parient pas à la baisse sur les actions. Ils se contentent de détenir des actions sélectionnées suivant leur analyse du marché et l'intensité du risque qu'ils sont prêts à prendre.

2. Plus exactement, si leur expertise permet un gain de performance, celui-ci est annulé par les honoraires qu'ils reçoivent. Voir B.G. Malkiel, « Returns from Investing in Equity Mutual Funds 1971 to 1991 », *Journal of Finance*, juin 1995. De plus, les fonds qui ont des performances meilleures que les autres une année donnée n'ont pas tendance à produire des performances meilleures que les autres l'année suivante, preuve additionnelle d'une bonne efficience des marchés (M. Carhart, « On Persistence in Mutual Fund Performance », *Journal of Finance*, March 1997).

3. A. Schleifer et R. Vishny, « The Limits of Arbitrage », *Journal of Finance*, 1997. Voir aussi M. Brunnermeier et S. Nagel, « Hedge Funds and the Technology Bubble », *Journal of Finance*, 2004.

entreprises entre elles efficacement : si je sais que Google est sous-évalué par rapport à Yahoo, je peux en effet réaliser un arbitrage (acheter Google et vendre Yahoo à découvert), même si le secteur des valeurs technologiques est surévalué dans son ensemble. Cette remarque est d'importance car elle implique que même en période de bulle, les marchés continuent à comparer les entreprises entre elles, et donc s'assurer que ce soient toujours les meilleures qui reçoivent le plus de capital.

Une autre manière de formuler la théorie de l'absence d'arbitrage de Steve Ross consiste à dire que les rendements requis par les investisseurs ne sont pas « anormalement élevés ». On a souvent tendance à sous-estimer la formidable compétition à laquelle les investisseurs se livrent pour investir les fonds dont on leur a confié la garde. Par ce biais, les épargnants sont en concurrence entre eux et la récompense qu'ils peuvent escompter en étant actionnaires ne reflète que le juste « prix du risque » que l'entreprise leur fait prendre, pas davantage. Lorsque les médias semblent s'indigner des gargantuesques profits des actionnaires du CAC 40, ils oublient de souligner que le rendement pour l'actionnaire varie fortement suivant les années : certaines sont bonnes, d'autres ne le sont pas. C'est le risque pris qui justifie qu'en moyenne ces rendements soient plus élevés que le taux « sans risque » des OAT. Après tout, à la fin de l'année 2006, le CAC 40 retrouve à peine le niveau qu'il avait cinq ans auparavant, ce qui n'est guère mirobolant.

En fait, une contrepartie heureuse de la révolution financière est justement la baisse du coût du capital, à rebours des complaintes ambiantes. N'oublions pas que c'est dans les pays où le développement financier est le moins avancé que le capital coûte le plus cher aux entreprises. Dans la France d'aujourd'hui, il n'a jamais été aussi facile pour les grandes entreprises de se financer. La sophistication, la concurrence et l'innovation sur les marchés financiers permettent une meilleure « digestion » du risque, qui est savamment découpé et littéralement vendu en tranches... Au bilan, la fameuse « prime de risque » exigée par les actionnaires en dédommagement du risque a fortement diminué sur les quinze dernières années, au point que les manuels de finance des écoles de commerce ont dû changer leurs études de cas [1] !

L'étonnante capacité des marchés à anticiper, leur aptitude à « agréger » des sources très disparates d'information, s'appliquent avec un grand succès à des domaines tout autres que le financement de l'économie. Il est désormais établi que les « marchés prédictifs » où on peut parier que certains événements, politiques ou sportifs par exemple, vont se produire, ont un pouvoir d'anticipation qui domine celui des experts individuels [2]. Les cotes des paris échangés sur l'Iowa Electronic Market prédisent les résultats des élections présidentielles américaines nettement mieux que les sondages. Autre exemple, le « Hollywood Stock Exchange » prophétise les gagnants de la cérémonie des Oscars mieux que les critiques de cinéma les plus chevronnés. Plus sérieusement, le fabricant d'ordinateurs Hewlett-Packard utilise avec succès les paris intéressés de

1. E. Fama et K. French, « The Equity Premium », *Journal of Finance*, 2002.

2. J. Wolfers et E. Zitzewitz, « Prediction Markets in Theory and Practice », NBER Working Paper.

ses employés pour affiner ses anticipations de ventes. Les performances prévisionnelles de ces marchés sont si spectaculaires qu'en 2003 le ministère de la Défense américain a envisagé très sérieusement la constitution d'un marché anonyme de prédiction des événements terroristes pour améliorer la qualité de ses informations. Le programme a été annulé en juillet 2003 par le secrétaire à la Défense face à la réaction outragée des médias et de certains sénateurs. Même aux États-Unis, le public n'est pas disposé à introduire le marché partout...

Le vrai problème de court-termisme : les patrons tentés par le dopage

Les marchés évaluent les entreprises sur la base de l'information dont ils disposent. Si l'information financière fournie par une entreprise est fausse ou douteuse, il en sera de même du prix de son action. Il s'agit en fait bel et bien du seul effet de court-termisme qui a pu être découvert dans les données financières : lorsqu'ils ont des stock-options qu'ils souhaitent exercer rapidement, certains chefs d'entreprise ont tendance à gonfler les comptes et à se comporter comme si tout allait très bien par exemple en faisant des acquisitions massives, ou en embauchant massivement [1]. C'est précisément ce qui a été reproché au patron d'Airbus lorsqu'au printemps 2006, il a exercé ses stock-options quelques semaines avant que le constructeur européen n'ait à faire face à de graves problèmes industriels.

1. D. Bergstresser et T. Philippon, « CEO Incentives and Earnings Management », *Journal of Financial Economics*, 2005.

Plus qu'à celle de l'irrationalité des marchés, c'est donc en réalité à la question de la rémunération et des incitations des dirigeants d'entreprise que renvoie le débat sur le court-termisme financier. Les rémunérations basées sur la valeur en Bourse doivent fournir des incitations de long terme : afin qu'un dirigeant ne puisse bénéficier d'un dopage artificiel et donc temporel du cours de son entreprise, il peut donc être souhaitable de limiter le droit d'exercice de ses stock-options pendant la durée de son mandat.

Il importe de savoir décrypter les discours : les patrons dénonceront toujours les marchés boursiers et en particulier les fonds spéculatifs comme une source de nuisance. Rien d'étonnant à cela. Leur vie serait de fait plus paisible sans cette impitoyable machine à prévoir les différents scénarios de l'avenir qu'est devenue l'industrie financière. Mais il serait collectivement dommageable de se priver de ces anticipations et de ce regard impartial de la finance sur les entreprises. Les actionnaires n'en sont pas les uniques bénéficiaires. En forçant les entreprises à se réformer, à s'adapter, en effectuant dès maintenant des ajustements qui deviendront nécessaires, la finance « fait gagner du temps ». Elle permet d'éviter les « dérives impériales » des patrons en envoyant des signaux d'alarme, et au final préserve donc la pérennité de nos grandes entreprises.

CHAPITRE 2

OPA : la barbarie financière en action ?

7 juillet 2003. Alors que la France se prépare à partir en vacances, le numéro deux de l'aluminium, le canadien Alcan, annonce avec fracas son offre publique d'achat sur le leader mondial du secteur, Pechiney. L'offre n'est pas sollicitée par la direction du groupe français, même si celle-ci se range rapidement aux côtés du prédateur. Une attitude par ailleurs cohérente, puisque les dirigeants de l'entreprise française avaient déjà tenté un rapprochement avec les canadiens en 2000. Le projet de fusion avait alors échoué, non par la faute des dirigeants, qui croyaient tous au projet industriel, mais parce que la Commission européenne l'avait estimé anti-concurrentiel. Également convaincus, les actionnaires acceptent d'échanger leurs titres Pechiney pour ceux du nouveau leader mondial du secteur, Alcan-Pechiney. Le 16 décembre, Alcan absorbe Pechiney, dans l'indifférence générale, et même avec l'enthousiasme de certains.

Trois ans plus tard, le monde politique se reproche son apathie d'alors. Car la perte symbolique est dure à digérer.

Le champion national de l'aluminium, source de fierté pour les Français depuis près de cent cinquante ans, a été totalement rayé de la carte du monde des affaires. Pour certains, c'est une page de notre histoire qui se tourne, la geste de la France conquérante dans la deuxième révolution industrielle qui se dissout dans le capitalisme globalisé. Plus prosaïquement, pour les actionnaires, l'échange est une déception, car Alcan a eu bien des difficultés à digérer le groupe français. Les frais de restructuration pèsent sur les résultats de l'entreprise, et le bénéfice du groupe est toujours en chute libre. Comme souvent, une mauvaise nouvelle pour le capital est aussi une mauvaise nouvelle pour les travailleurs. Les craintes initiales des syndicats se sont révélées en partie fondées. Les salariés français sont terrassés par des restructurations menées à marche forcée : début 2006, c'est en France environ 1 000 postes, sur les 15 000 que comptaient le groupe en 2003, qui ont été supprimés. En France, les usines de Froges (Isère), Cruseilles (Haute-Savoie), Mercus (Ariège) et Lammezan (Hautes-Pyrénées) sont fermées. D'autres unités ont été cédées. Au niveau mondial, les réductions d'effectifs et les cessions ont donné aux anciens salariés de Pechiney le sentiment d'un immense gâchis : ce que l'entreprise avait mis cent cinquante ans à construire était dispersé en quelques années.

Dans la presse, le québécois Alcan devient le dépeceur « anglo-saxon » du champion français, le tueur à gages sans scrupule du capitalisme financier. La réalité, toutefois, est plus nuancée ; pour la voir, il faut aller au-delà de la dualité manichéenne finance anglo-saxonne - génie industriel français. Depuis la fin des années 1990, de part et d'autre de l'Atlantique, les deux directions s'accordaient sur la viabilité du projet industriel et la nécessité du rapprochement. En large partie, les restructurations étaient inévitables, et auraient probablement été entreprises – au moins en partie – par le champion français s'il était resté indépendant. D'autant que la conjoncture dans l'aluminium a été difficile, du fait de la très forte hausse des prix de l'électricité – qui compte pour 30 % du coût de production. Dans ces conditions, c'est la concurrence internationale, et non la finance anglo-saxonne, qui a poussé les producteurs d'aluminium à se délocaliser dans des zones où l'énergie est peu chère (comme Oman ou... l'Islande). D'autres délocalisations, dans le secteur des emballages, ont été induites par les exigences de quelques grands comptes, qui ont souhaité que le producteur d'aluminium s'installe près de leurs unités de production asiatiques. On peut se prendre à rêver qu'un Pechiney indépendant aurait amorti quelque peu le choc, et aurait agi avec un peu plus de délicatesse à l'égard des salariés. De ce point de vue, l'éloignement des centres de décision outre-Atlantique a probablement joué. Toutefois, les forces de la concurrence internationale sont irrésistibles, et de tels effets de proximité empathique ne peuvent jouer qu'à la marge. Au total d'ailleurs, les mille suppressions de postes intervenues depuis la fusion, pour les drames personnels qu'elles ont pu causer, ne sont qu'une fraction des deux millions d'emplois détruits (pour autant de créés) chaque année en France[1]. Certes, si l'on inclut tous les salariés du groupe travaillant à l'étranger, les destructions d'emplois sont bien plus importantes. Entre les

1. Pierre Cahuc et André Zylberberg, *Le Chômage, fatalité ou nécessité ?*, Flammarion, 2004, rééd. « Champs », 2005.

cessions et les suppressions nettes, les syndicats estimaient à 15 500 le nombre d'emplois perdus par le groupe au niveau mondial (pour l'essentiel via des cessions d'activité, non des destructions de postes). Ce chiffre rappelle une réalité commune à nos champions nationaux : l'essentiel des emplois créés, mais aussi détruits, est à l'étranger. La globalisation de Pechiney n'a pas attendu la fusion avec Alcan.

S'il faut relativiser le « traumatisme Pechiney », il faut aussi rappeler que toutes les fusions ne sont pas si controversées. Un grand nombre d'entre elles se passent bien. Parmi les opérations dites hostiles qui ont déclenché des résistances farouches de la part de la direction de l'entreprise cible, on compte aujourd'hui de grandes réussites économiques dont à la fois les actionnaires et les employés ont bénéficié. La fusion de la BNP et de Paribas, l'absorption d'Elf-Aquitaine par Total-Fina peuvent être aujourd'hui considérées comme des succès, malgré leurs débuts mouvementés. De même, les acquisitions initiées par des investisseurs étrangers ne sont pas nécessairement les ennemies de l'emploi : en 2000, le géant bancaire HSBC a absorbé le Crédit commercial de France et ses 10 000 employés sans remous. Entre le début des années 2001 et 2006, la banque anglaise a augmenté son nombre d'employés en France de plus de 11 %, tandis que dans le même temps sa masse de salariés basés en Grande Bretagne se contractait de 3 % [1]. Les AGF sont devenues une simple filiale du groupe d'assurances Allianz basé à Munich, sans dommage pour ses 30 000 employés. Personne ne s'est

1. Rapports Annuels de HSBC, disponibles en ligne.

inquiété du sort des 8 000 employés de Marionnaud lorsque l'entreprise a été vendue à un entrepreneur chinois.

Ce petit jeu des exemples et des contre-exemples ne nous mène pas loin. Tout au plus nous permet-il de dire que les entreprises peuvent, comme nos maisons ou nos automobiles, changer de propriétaire, et que cela ne se fait pas toujours au détriment des salariés. Pour aller plus loin, comprendre les principes et trouver des guides d'action à la puissance publique, il faut faire un tout petit peu de théorie économique et regarder les statistiques.

Le marché du capital, flux vital d'une économie innovante

Que dit la théorie économique au sujet de cet étrange marché des entreprises ? Pour les économistes, les opérations de « croissance externe » sont des investissements comme les autres. Certaines entreprises ont des projets, mais pas assez d'équipement productif. Elles peuvent alors soit directement créer les capacités de production, soit les acheter auprès d'entreprises déjà existantes qui n'en ont pas autant l'utilité. Ce « marché d'occasion » du capital permet aux unités de production, aux usines, aux marques et aux brevets d'appartenir à l'entrepreneur qui en fera le meilleur usage. Il permet au capital de ne pas se perdre, mais plutôt d'être exploité au maximum pendant sa durée de vie. Le marché de seconde main du capital joue un rôle clé dans le processus de création-destruction qui meut l'économie. Il permet aux jeunes entreprises de croître plus vite, en achetant des capacités de production « toutes faites » aux entreprises plus anciennes. Il leur permet de faire concurrence plus rapidement aux vieilles entreprises, plus grosses du fait de leur ancienneté. La productivité moyenne du secteur augmente, et les prix baissent plus vite.

Cette foire permanente aux actifs productifs est très dynamique, et dans leur très grande majorité, les transactions s'opèrent dans l'indifférence générale. Entre 1963 et 2000, les achats de capacités de production déjà existantes ont représenté en moyenne 20 % de l'investissement des entreprises américaines cotées en Bourse [1]. Les ventes d'actifs productifs ont représenté en moyenne 9 % des investissements. Suivant la façon dont on mesure le stock de capital productif de l'économie, entre 1,4 % et 5,5 % du total change de main tous les ans. Le marché de seconde main du capital est donc d'ampleur considérable, et cela ne date pas d'hier. Bien entendu, ces transactions ont tendance à être plus fréquentes en phase de croissance de l'économie qu'en phase de ralentissement conjoncturel. En France, 2005 a été une année record : les investisseurs étrangers ont acheté pour plus de vingt milliards de dollars d'entreprises françaises (soit 0,3 % de leur valeur totale). La très grande majorité de ces transactions concerne des entreprises non cotées en Bourse.

1. Andrea Eisfeld et Adriano Rampini, « Capital reallocation and Liquidity », à paraître dans *Journal of Monetary Economics*. Sur le même sujet, voir aussi Maksimovic and Philips, « The Market for Corporate Assets : Who Engages in Mergers and Sales and Are There Any Gains ? », *Journal of Finance*, 2001.

La grammaire des « fusacs » : des « raids hostiles » aux « pilules empoisonnées »

Un cas particulier de ces transactions concerne l'acquisition de l'intégralité d'une entreprise par une autre. Deux voies sont possibles pour l'acquéreur : négocier directement avec l'équipe dirigeante de la cible, qui pourra alors faire voter l'acquisition en assemblée générale. Ce dialogue amical et confidentiel en vue d'aboutir à un accord des deux conseils d'administration est la manière de procéder qui est d'ordinaire tentée en premier. La négociation porte sur le prix auquel l'entreprise visée est achetée, mais aussi la nature du paiement (en général une combinaison de *cash* et d'actions de l'acquéreur) et l'organisation de la nouvelle entité (nouveaux postes ou conditions de départ des anciennes équipes). Parfois, la politesse entre dirigeants est poussée jusqu'à récuser la notion d'acquisition et choisir une description quasiment nuptiale du rapprochement : la transaction est présentée au public comme une « fusion entre égaux » où il n'y a ni vaincu ni vainqueur. Les deux dirigeants déclarent leur volonté de cohabiter à la tête de la nouvelle entité. Ce fut ainsi le cas de la fusion Daimler-Chrysler, AOL-Time Warner, ou plus récemment Alcatel-Lucent.

Alternativement, en général parce que ces modalités consensuelles n'ont pas fonctionné, l'acquéreur peut choisir de s'adresser directement aux actionnaires en leur offrant de racheter leurs titres à un prix supérieur au cours actuel. Si une large fraction des titres est ainsi récoltée, l'entreprise qui a initié l'offre publique d'achat[1] obtient le contrôle et se trouve en mesure d'imposer la fusion, parfois contre les désirs des managers et du conseil d'administration de la cible (qui s'expriment d'ordinaire d'une seule voix). On parle alors d'opération hostile. Les distinctions entre ces différentes modalités sont parfois floues, les jeux de l'amitié et de l'inimitié faisant partie du processus de négociation : par exemple, une fusion dite amicale peut en réalité cacher ce qu'on appelle dans le jargon des fusions et acquisitions un *bear hug*, littéralement « baiser de l'ours », où les managers de la cible préfèrent donner l'impression de dire oui au mariage avec enthousiasme, plutôt que de faire face à une campagne de critiques orchestrée par l'acquéreur. Il arrive aussi qu'une offre publique aux actionnaires mais « non sollicitée » par la cible soit d'emblée soutenue par le conseil d'administration de l'entreprise cible qui juge les conditions financières suffisamment favorables, et on ne la qualifiera alors pas forcément d'hostile. Le cas Pechiney, on l'a vu, appartient à cette catégorie.

Ce qui est propre aux OPA hostiles, c'est que l'équipe dirigeante de la société cible peut résister et choisit de le faire, parfois même contre le sentiment général des propriétaires. En l'absence d'actionnaire dominant, l'équipe dirigeante a plus de moyens de se défendre en jouant de l'éparpillement et du manque de coordination des actionnaires. Le premier mode de défense anti-OPA consiste à laisser, en fin de compte, les actionnaires décider, mais

1. Ou, pour être précis, l'OPE (offre publique d'échange), si le mode de paiement est en actions de la société acheteuse.

d'essayer d'en convaincre un certain nombre de ne pas vendre. Les dirigeants peuvent tâcher de plaider auprès des actionnaires que leur investissement fructifiera bien mieux si l'entreprise conserve son indépendance. Lorsque l'acquéreur propose de payer avec des actions de la nouvelle société, les dirigeants menacés peuvent critiquer son projet industriel, et mettre les actionnaires en garde contre les risques de baisse des cours de la nouvelle société. Ils peuvent aussi chercher une troisième entreprise, un « chevalier blanc », qui soit prêt à offrir plus que l'acquéreur hostile, tout en leur promettant de conserver leurs fonctions. Parfois, c'est l'État lui-même que les dirigeants appellent à la rescousse, en dénonçant des intentions de licenciement massif chez l'acquéreur. Ceci est de bonne guerre et fait somme toute partie d'un débat démocratique.

Mais il existe des moyens de résistance aux OPA d'une légitimité plus douteuse. Leur principe général est de priver indirectement les actionnaires d'une partie de leurs droits de propriété. Lorsque l'entreprise est cible d'une OPA, un certain nombre de barricades automatiques se dressent et empêchent l'acquéreur potentiel d'arriver à ses fins. Dans ce domaine comme dans beaucoup d'autres, les États-Unis nous précèdent, et les dirigeants américains ont inventé tout un arsenal défensif depuis le milieu des années 1980 [1]. L'un des plus célèbres est la « pilule empoisonnée », dont les différentes variantes ont pour effet d'émettre automatiquement des actions en cas d'OPA. Dans ce cas, le

1. Pour une liste des techniques de défense anti-OPA utilisées par les entreprises américaines, voir Paul Gompers, Joy Ishii et Andrew Metrick, « Corporate Governance and Equity Prices », *Quarterly Journal of Economics*, 2003.

bloc déjà acquis par l'initiateur de l'opération avant l'annonce formelle se trouve dilué, et tout est pour lui à recommencer. Les actionnaires de ces entreprises n'ont donc aucun espoir de toucher la fameuse « prime d'OPA » que pourrait verser un prédateur éventuel, et c'est pourquoi le marché réagit en général négativement à l'adoption de telles mesures.

En France, les techniques de défense sont différentes, mais non moins efficaces. En 2002, plus de la moitié (65) des sociétés du SBF 120 (les 120 plus grosses sociétés françaises cotées) prévoient dans leurs statuts (la « constitution » de l'entreprise) d'attribuer des droits de vote doubles aux actionnaires fidèles (en général, aux actionnaires présents depuis plus de deux ans). Cette disposition permet de limiter les droits de vote de l'acquéreur. D'autres dispositions sont plus rares, mais bien plus offensives. Par exemple, en 2002, sept sociétés du CAC 40 [1] prévoyaient de limiter les droits de vote des gros actionnaires à 5 à 12 % des droits de votes exprimables en assemblée générale. Ainsi, même un actionnaire majoritaire peut être largement mis en minorité par d'autres actionnaires, à moins d'acquérir l'intégralité de l'entreprise (51 % ne suffisent pas). Par ailleurs, la très récente loi OPA libéralise avec « l'amendement Danone » l'usage de la pilule empoisonnée à l'américaine. L'émission de bons de souscription d'actions à un tarif préférentiel permettra de diluer à ses dépens un acquéreur hostile.

1. Société générale, Total, Lafarge, Vivendi Universal, Alcatel, Danone et Schneider Electric.

Les OPA hostiles sont-elles un archaïsme ?

À l'annonce de l'offre hostile de Lakshmi Mittal sur Arcelor, Thierry Breton déclarait au quotidien *Les Échos* qu'une OPA hostile n'est pas digne de « l'économie moderne [...]. C'est un problème de grammaire du monde des affaires ». Il est vrai que malgré une embellie récente, le nombre d'opérations hostiles est en baisse, et on pourrait être tenté de se débarrasser définitivement de cette pratique inamicale, qui a commencé à se répandre aux États-Unis dans les années 1980.

Dans ce monde des affaires américain somme toute assez feutré, de grandes entreprises, connues de tous, étaient soudain devenues les proies d'investisseurs financiers sans merci. Ce phénomène était sans précédent, même aux États-Unis. Il faut dire qu'à l'époque, les progrès du marché financier aussi bien sur le plan des innovations techniques que financières (ainsi la remise au goût du jour des *junk bonds*, obligations à haut risque) ont permis à des individus entreprenants de s'attaquer à des montagnes (la capitalisation boursière de RJR Nabisco, l'une de ces cibles, valait douze milliards de dollars de l'époque). Mieux à même de gérer le risque, le marché acceptait depuis peu de prêter à ces individus peu recommandables. Simultanément, les opérateurs de marché se sont faits plus sophistiqués : les petits porteurs ont peu à peu fait place aux grands institutionnels en charge de l'épargne-retraite d'un nombre croissant d'Américains. Plus professionnels, ceux-ci sont devenus plus sensibles à la qualité de la gestion de leurs investissements, donc plus réceptifs aux arguments des raiders, véritables détecteurs de gains d'efficacité.

Au total, plus de 200 OPA hostiles ont été annoncées au cours des années 1980 sur le marché américain[1]. Et la moitié d'entre elles finirent par réussir. Il est utile de noter que les offres hostiles ne constituent, même durant cette période, que 15 % du total des OPA concernant des entreprises cotées aux États-Unis. Ainsi, même à l'époque, la plupart des OPA se font donc avec l'accord des dirigeants de l'entreprise cible. Cette vague de prises de contrôle brutales a profondément choqué l'opinion publique et a été immortalisée par Oliver Stone dans *Wall Street*, un film qui dresse un portrait au vitriol de l'un de ces raiders sans scrupule, incarné par Michael Douglas. Autre témoignage fameux de l'intrusion brutale des financiers dans la vie tranquille des managers américains des années 1980, le livre *Les Barbares sont à nos portes*[2] relate le violent clash des cultures et des personnalités lors de la prise de contrôle du conglomérat RJR-Nabisco par le fonds d'investissement KKR. Même aux États-Unis, les raids hostiles ont un côté voyou qui dérange.

Alors, l'économie a-t-elle vraiment besoin de ces déplaisantes acquisitions hostiles ? Ne devrait-on pas imposer un standard de politesse dans le jeu des rapprochements industriels, bref se restreindre, comme avant les années 1980, à

1. Gregor Andrade, Mark Mitchell et Philip Stafford, « New Evidence and Perspective on Mergers », *Journal of Economic Perspective*, 2003.

2. Bryan Burrough et John Helyar, *Barbarians at the Gate : The Fall of RJR Nabisco*, Collins, reprint edition, 2003.

des opérations amicales issues de la concertation entre managers ? Après tout, ces opérations qui se font en général dans le sang et les larmes – ce qui en fait des événements à fort relief médiatique – sont peut-être contre-productives. La lutte entre l'agresseur et l'agressé peut tourner à l'aigreur ; les équipes dirigeantes sont montées les unes contre les autres. L'entreprise cible cherche à se débattre, et tente par tous les moyens de préserver son indépendance. Puis, une fois l'opération terminée, le perdant doit rendre les armes, accepter la domination du gagnant. Deux cultures s'opposent, et à ce choc se superpose une relation hiérarchique. Il faut, dans ce cas, beaucoup d'habileté de la part de l'assaillant pour que les salariés de la cible ne se sentent pas humiliés, pour que l'équipe dirigeante ne parte pas en masse, et que la greffe prenne.

Au contraire, les fusions amicales semblent plus civilisées : elles ne violent aucun ego, évitent les coûteuses batailles verbales et financières par médias et banques d'affaires interposés et organisent directement la coopération entre équipes managériales. Si elle ne plaît pas à tout le monde, la transition s'effectue dans la concertation. Les deux cultures sont respectées, une relation amicale et coopérative remplace l'affrontement et la domination. Sans en brosser un tableau idyllique, il n'est pas difficile d'imaginer pourquoi une OPA amicale a plus de chance de succès qu'une opération hostile.

Pourtant, les contre-exemples abondent. La liste des fusions « entre égaux » qui ont tourné au désastre est longue : Daimler-Chrysler dans l'automobile, AOL-Time Warner ou Vivendi-Universal dans les médias. À l'inverse, les opérations hostiles qui ont été des succès sont légion :

Elf-Total, BNP-Paribas. Alors que penser ? À nouveau, il faut faire appel à la statistique pour faire le bilan global des deux types d'opérations.

Revenons outre-Atlantique, où la taille de l'économie et la richesse des données disponibles permettent de constituer un échantillon de plus de 4 000 rapprochements de grandes entreprises cotées en Bourse[1]. Les résultats des différentes études sont très concordants[2] : sur le long terme, les OPA hostiles dominent très largement en efficacité les fusions orchestrées par le management. Pour le montrer, les chercheurs se concentrent sur les rendements de long terme des actions de la société initiatrice de l'offre d'achat ou de fusion. Ils comparent l'augmentation du prix de ces actions avec les plus-values réalisées sur des portefeuilles d'entreprises aux caractéristiques similaires. Le résultat est sans ambiguïté. Pour les fusions survenues dans les années 1980, l'action de l'entreprise en charge de l'opération baisse en moyenne de 4 % pendant les trois années qui suivent l'opération. Quand on suit les actions des entreprises qui ont fait une offre publique d'achat, celles-ci augmentent en moyenne de 9 %. Si l'on inclut les années 1970, le résultat est encore plus tranché. Sur cinq ans, les actionnaires des sociétés initiatrices de fusions perdent en moyenne 16 % de leur patrimoine, alors que les offres publiques font en moyenne augmenter le prix de l'action

1. Voir par exemple Andrade, Mitchell et Stafford, *op. cit.*

2. Tim Loughran et Arnand Vijh, « Do Long Term Shareholders Benefit From Corporate Acquisitions ? », *Journal of Finance,* 1997. P. Raghavendra Rau et Theo Vermaelen, « Glamour, Value, and the Post Acquisition Performance of Acquiring Firms », *Journal of Financial Economics,* 1998.

de 43 % ! Qu'en est-il des rendements financiers pour la société cible ? Là aussi, l'amicalité des rapprochements n'est pas garante de performance. Julie Wulf montre qu'au contraire, les actionnaires de la cible obtiennent des rendements nettement plus faibles dans les « fusions entre égaux »[1].

Le verdict est donc surprenant : les fusions qui sont issues du dialogue amical entre dirigeants sont en moyenne destructrices de richesses, alors que les OPA où l'acquéreur se tourne directement vers les actionnaires de la cible sans forcément se concerter avec les dirigeants sont fortement créatrices. Pourquoi ? L'explication est double. D'une part, dans les fusions amicales, les managers de la cible ont tendance à négocier de bonnes conditions pour eux-mêmes en échange d'un prix d'acquisition plus bas, au détriment, donc, de leurs actionnaires. Souvent la cohabitation pacifique prévue entre les dirigeants dégénère quelques mois plus tard, chacun ayant l'impression d'être lésé dans la nouvelle répartition des rôles[2]. D'autre part, les offres publiques requièrent une approbation active des actionnaires de la société cible, alors que dans le cas d'une fusion concertée, ces derniers sont mis devant le fait accompli. Ainsi, un projet industriel destructeur de richesse a moins de chance d'avoir lieu s'il passe au crible du jugement des nombreux propriétaires de l'entreprise, que s'il est décidé par deux groupes d'experts fortement biaisés – les équipes

1. Julie Wulf, « Do CEOs in Mergers Trade Power for Premium ? Evidence from "Mergers of Equals" », *The Journal of Law, Economics and Organization*, 20(1) : 60-101, 2004.

2. Ce fut le cas pour Daimler-Chrysler, HP-Compaq, AOL-Time Warner, pour citer quelques exemples.

dirigeantes. On retrouve ici une des vertus informationnelles du marché : l'OPA agit comme un référendum, où la société initiatrice doit « faire campagne ». Les actionnaires « votent » en apportant, ou non, leurs titres. Et au total, ce mode de décision ne conduit pas à des aberrations ! On le voit, d'après les données américaines, pousser les acquisitions à être plus amicales et concertées ne les rendrait certainement pas meilleures. Les standards de gouvernance d'entreprise et les moyens dont disposent les actionnaires de faire entendre directement leur voix auprès des dirigeants ne sont pas sensiblement différents en France de ce qu'ils sont aux USA : tout laisse donc à penser que les OPA hostiles sont chez nous un mécanisme aussi sain et important qu'outre-Atlantique.

Un autre argument de poids en faveur du maintien de la possibilité des OPA hostiles est que leurs effets ne sont pas seulement directs, mais également indirects. Lorsque la probabilité d'une OPA augmente, la direction se sent menacée, et sait que la seule véritable garantie de son indépendance est la bonne santé de son entreprise. Si l'entreprise est très bien gérée, un prédateur éventuel ne trouvera pas de marge de progression, et ne pourra donc pas rentabiliser son investissement – qu'il paiera très cher. De plus, si une attaque hostile n'était pas envisageable, bien des transactions que nous qualifions d'« amicales » n'auraient sans doute pas lieu, car au fond, c'est souvent pour éviter les hostilités que les managers d'une cible sont prêts à engager la discussion en des termes favorables avec un acquéreur potentiel. Cet effet « disciplinant » de la menace d'OPA est a priori bien plus important que les effets directs dont nous avons parlé plus haut, car il s'applique à toutes les entreprises, pas seulement celles qui finissent par être cibles d'OPA.

En tirant partie de l'organisation fédérale des États-Unis, il est possible d'évaluer cet effet de menace des OPA hostiles. Aux États-Unis, certains États ont en effet adopté à la suite de la vague d'OPA hostiles des années 1980 des dispositifs législatifs anti-OPA, qui donnaient à l'équipe dirigeante un droit de veto de fait sur les opérations non sollicitées (les *Business Combination Laws*). Afin d'évaluer l'effet de menace, les économistes Marianne Bertrand et Sendhil Mullainathan ont comparé l'évolution du comportement des entreprises immatriculées dans ces États à des « jumelles » toujours soumises à la menace d'une OPA [1]. Comme on pourrait s'y attendre, les entreprises menacées se vendent plus cher, car leurs actionnaires ont une probabilité non nulle de toucher la fameuse « surprime » d'OPA qu'un prédateur éventuel serait prêt à payer. Ces résultats rejoignent d'ailleurs les travaux de Lucian Bebchuk et Alma Cohen, qui s'intéressent à un type particulier de dispositif anti-OPA. Ce dernier empêche les raiders hostiles de prendre immédiatement le contrôle des entreprises qu'ils achètent (via un conseil d'administration à « étages », ou *staggered board*) [2]. Ce délai est très dissuasif, et les deux chercheurs montrent que la perte de richesse pour les actionnaires est d'environ 20 %.

1. Marianne Bertrand et Sendhil Mullainathan, « Enjoying the Quiet Life ? Corporate Governance and Managerial Preferences », *Journal of Political Economy*, 2003. Voir également Marianne Bertrand et Sendhil Mullainathan, « Agents With and Without Principals », *The American Economic Review*, 2000.

2. Lucian Bebchuk et Alma Cohen, « The Cost of entrenched Boards », *Journal of Financial Economics*, 2005.

Mais au-delà de cet effet observé sur la valeur des entreprises, la menace d'OPA a des effets visibles sur leur fonctionnement, pour l'essentiel bénéfiques. Marianne Bertrand et Sendhil Mullainathan trouvent que les entreprises soumises à une pression plus grande d'OPA sont plus productives – elles produisent davantage avec les mêmes ressources – et plus rentables – leurs investisseurs touchent des profits plus importants. Les salariés qualifiés et les dirigeants sont les perdants. Lorsque la menace d'OPA hostile se relâche, l'emploi qualifié augmente un peu, les salaires des cols blancs aussi. Le salaire du PDG augmente, surtout lorsque l'entreprise ne possède pas d'actionnaire de référence. En revanche, et de manière plus étonnante, les deux chercheurs trouvent également que cette menace ne touche pas l'emploi non qualifié, ni le niveau d'emploi total des entreprises, ni le niveau des salaires. La possibilité des OPA ne semble donc pas induire un excès de restructurations frappant les cols bleus. Ceux qui gagnent le plus aux mesures anti-OPA sont les cadres et dirigeants.

Les OPA ne nuisent pas aux cols bleus

Ce dernier résultat – la neutralité des OPA hostiles sur l'emploi peu qualifié – mérite d'être étudié plus à la loupe, tant il va à l'encontre une intuition commune. Lorsqu'une de nos grandes entreprises est menacée par une offre hostile, nous sommes habitués aux mises en garde des dirigeants en place, dénonçant le risque de destruction d'emploi en cas de prise de contrôle, et orchestrant souvent de vastes campagnes médiatiques pour prendre à partie l'opinion. Ces mises en garde, si elles sont exactes, peuvent justifier une intervention de l'État. En effet dans certains cas, il est tout à fait imaginable que la richesse (humaine, immobilière) détruite lors d'une acquisition – qu'elle soit hostile ou non – dépasse très largement le surrendement obtenu par les actionnaires de la cible[1]. Certains des salariés de la cible vont perdre leur emploi, leur savoir-faire, et devront être pris en charge par la collectivité. Les fournisseurs locaux seront abandonnés, au profit de fournisseurs – peut-être étrangers – qui sont déjà en relation avec l'acquéreur. Lorsque l'entreprise cible est liée à une zone géographique donnée, toute la communauté locale sera touchée. Des emplois de services – restaurants, coiffeurs, etc. – risquent d'être détruits, faute de clients. Lorsque l'activité de l'entreprise est suffisamment concentrée, la perte d'activité économique causera une baisse des prix de l'immobilier, dont tous les propriétaires souffriront.

Aussi, dans notre pays, à chaque fois que l'un de ces événements survient, la même question resurgit : du point de vue de la société dans son ensemble (et pas simplement celui des actionnaires), est-il souhaitable de limiter, voire d'interdire les OPA hostiles ?

Quelle que soit l'étude portant sur cette période, on retrouve toujours une conclusion similaire à celle du travail

1. Pour des exemples quantifiés dans le contexte américain, voir Andreï Shleifer et Lawrence Summers, « Breach of Trust in Hostile Takeovers », *in* Alan Auerbach éd., *Hostile Takeovers : Causes and Consequences*, University of Chicago Press, 1990.

de Bertrand et Mullainathan, conclusion a priori étonnante : s'ils s'enrichissent considérablement, les actionnaires des entreprises cibles d'OPA hostiles ne le font pas sur le dos de leurs salariés. Sanjai Baghat, Andreï Shleifer et Robert Vishny ont fait l'autopsie des 52 OPA hostiles survenues sur le marché américain dans les années 1984-1986 [1]. Dans cet échantillon, les actionnaires de la société cible sont souvent gagnants, car l'acquéreur doit promettre beaucoup d'argent pour les inciter à vendre leurs parts. Cette surprime d'acquisition, l'acquéreur la finance car il pense pouvoir extraire une survaleur au moins égale de l'entreprise. Sanjai Baghat et ses collègues parviennent à établir qu'en moyenne, les suppressions de postes ne peuvent expliquer plus de 10 à 30 % de ces plus-values (suivant la méthode de calcul). Encore ces économies se concentrent-elles dans les emplois de cols blancs (20 %), les emplois en cols bleus étant déjà laminés par la concurrence internationale. Les OPA détruisent des postes de managers improductifs, pas de producteurs à la base. Cette conclusion qui va contre le sens commun – même aux États-Unis à l'époque – est confirmée par nombre d'autres études réalisées dans des contextes similaires. Ainsi Joshua Rosett évalue-t-il à moins de 5 % de la prime payée aux actionnaires, les pertes de salaires concédées par les syndicats des cibles à la suite d'OPA survenues au cours de la période 1976-1987 [2]. Il ressort de ce large ensemble

1. Sanjaï Baghat, Andreï Shleifer et Robert Vishny, « Hostile Takeovers in the 1980s : The Return to Corporate Specialization », *Brookings Papers on Economic Activity*, 1990.

2. Joshua Rosett, « Do Union Wealth Concessions Explain Takeover Premiums ? », *Journal of Financial Economics*, 1990.

d'études empiriques que ce ne sont pas les maigres économies réalisées sur le travail qui expliquent la valeur créée par les OPA. Les plus-values des actionnaires proviennent de la meilleure gestion de l'entreprise et, en particulier, de l'abandon de projets d'investissement coûteux et peu rentables et le plus souvent du remplacement de l'équipe dirigeante. C'est pour cette raison que les cibles des OPA sont le plus souvent des entreprises en situation initiale de sous-performance vis-à-vis de leurs concurrentes [1].

Une explication possible de cet écart entre le sens commun et la réalité statistique est le biais médiatique. Les restructurations douloureuses, lorsqu'elles se produisent, ont une couverture médiatique exceptionnelle, car elles répondent aux peurs de tout un chacun. Il en résulte que les OPA sont dans nos esprits symbolisées par ces quelques exemples négatifs que nous offre la presse et qui ne sont pas représentatifs de l'ensemble. De plus, les managers menacés d'OPA agitent volontiers le spectre de ces restructurations pour s'attirer les faveurs de l'opinion voire l'intervention des politiques. Leurs campagnes de presse, d'autant mieux relayées que leurs relations avec le monde politico-médiatique sont nombreuses, contribuent à renforcer cette erreur de représentation des OPA dans l'esprit du public.

Pour résumer, les OPA sont un moyen de faire décider par les marchés des bonnes et des mauvaises recompositions du tissu productif. Elles sont également un moyen

1. Kenneth J. Martin et John J. McConnell, « Corporate Performance, Corporate Takeovers, and Management Turnover », *Journal of Finance*, juin 1991.

d'assurer une concurrence saine entre les équipes dirigeantes. Elles améliorent la rentabilité, la productivité des entreprises, sans accélérer les réductions d'effectifs ni peser sur les salaires. Contrairement à une intuition répandue, leurs effets sur l'emploi peu qualifié ne sont pas négatifs. Lorsqu'elles se produisent, les restructurations anticipent sur des évolutions qui en définitive seraient rendues nécessaires par la compétition sur le marché des biens.

Ce sont les équipes dirigeantes qui ont le plus à perdre dans ces opérations, en particulier lorsqu'elles sont hostiles, et cela explique en partie leur acharnement à conserver leur indépendance. En plaidant pour leur propre vision stratégique, pour leur bilan à la tête de l'entreprise, elles se placent très légitimement dans la position de l'homme politique qui défend simultanément son emploi et son programme. C'est alors aux actionnaires, comme aux électeurs en politique, de juger de leurs états de service – si du moins le mécanisme de vote que constitue une OPA leur permet de s'exprimer.

CHAPITRE 3

La veuve californienne et l'ouvrier clermontois : à qui profite la finance ?

Obscène. À peine nommé patron de l'entreprise familiale, Édouard Michelin annonce le 9 septembre 1999 la suppression de 7 500 postes en Europe, alors même que son groupe réalise des profits en très forte hausse. Chez les salariés, comme dans l'opinion, c'est l'incompréhension, mais le coupable est vite trouvé : les actionnaires, qui semblent n'en avoir jamais assez. Les profits d'une entreprise dynamique ne leur suffisent pas, ils veulent également faire pression sur la masse salariale pour augmenter leur part du gâteau. « On nous demande toujours plus. Depuis 1983, on nous supprime des emplois et on bosse toujours plus. Et ça ne suffit jamais », déclare alors un représentant de la CGT.

Mais ces efforts redoublés de la part des salariés de Michelin ont-ils vraiment profité aux capitalistes ? Entre 1983 et 1999, les actionnaires ont gagné environ 7 % par an, soit à peu près autant que le marché boursier dans son ensemble. De plus, l'action Michelin – comme toutes les actions – est un placement risqué. Celui qui l'aurait acquise en 1986-1987 n'aurait toujours pas récupéré sa mise à la fin des années 1990 ! Ce risque explique pourquoi les actionnaires demandent un rendement qui soit en moyenne plus élevé que celui des bons du Trésor. D'ailleurs, les gains des actionnaires de Michelin ne se sont pas faits au détriment des travailleurs, qui continuent à recevoir, bon an, mal an, 50 % de la valeur ajoutée produite par l'entreprise. Les effectifs de Michelin dans le monde ne se réduisent pas : en 2004, l'entreprise fait travailler 126 500 salariés, contre près de 125 000 en 1993. D'ailleurs, en 2003, l'entreprise avait annoncé, dans l'indifférence générale, l'embauche de 1100 employés en France.

Capital et travail sont dans le même bateau

Pourtant, c'est bien une nouvelle scène du vieux conflit du capital et du travail qui se joue le 9 septembre 1999. Immédiatement après l'annonce du programme de suppression de postes, l'action Michelin gagne 12 %. Cette réaction choquante du marché ne fait que refléter la dure réalité : ce jour-là, la Bourse a cru que Michelin pourrait vendre autant de pneus avec moins de personnel, et donc verser davantage à ses investisseurs. Mais au-delà du cas de Michelin, la Bourse se réjouit-elle systématiquement du malheur des travailleurs ?

La réponse est non : plus tôt la même année, deux économistes du travail américains, Hank Farber et Kevin Hallock, publient une étude sur les réactions de la Bourse américaine aux licenciements depuis les années 1970[1]. Leur conclusion est claire : en moyenne, sur les 3 000 annonces de réductions d'emploi que les auteurs considèrent, le cours de Bourse d'une entreprise réagit négativement à l'annonce de licenciements. Cette réaction est négative, que l'on considère les années 1970, 1980 ou la décennie 1990, même si, pour les dernières années, le nombre de réactions positives augmente quelque peu. Ce constat est représentatif de la quasi-totalité des 41 études, sur données américaines ou européennes, qui avaient été publiées jusque-là[2].

En effet, l'annonce d'un plan de réduction d'effectifs n'est pas nécessairement une bonne nouvelle pour les investisseurs. Sur le court terme, certaines restructurations défensives permettent à l'entreprise d'offrir des produits compétitifs qui satisfont ses consommateurs et de continuer à vendre. Mais sur le long terme, le destin des capitalistes et celui des travailleurs sont liés irrémédiablement. Ainsi, aucune société n'a connu de hausse durable de son cours de Bourse sans augmentation du nombre de ses employés (par exemple, si le prix de l'action L'Oréal a été multiplié par dix depuis le début des années 1990, le nombre de ses employés a doublé pendant la même période). Inversement, il est bien rare qu'une société

1. Kevin Hallock et Hank Farber, « Have Employment Reductions Become Good News for Shareholders ? The Effects of Job Loss Announcements on Stock Prices », Document de travail du National Bureau of Economic Research, n° 7295, 1999. Voir aussi Kevin Hallock, « Layoffs, Top Executive Pay, and Firm Performance », *American Economic Review*, 1998.

2. Ces études sont citées et résumées par Nicolas Couderc dans sa thèse de doctorat à l'université de Paris I.

réduise son emploi sans que, sur le long terme, les actionnaires en souffrent.

L'exemple de Michelin traduit à sa manière cette distinction entre le court terme et le long terme : au bout d'une semaine, les plus-values réalisées le jour de l'annonce des suppressions d'effectifs étaient effacées. L'action était revenue à son cours précédent. Encore aujourd'hui, l'action Michelin n'a pas fait « mieux » que le marché boursier dans son ensemble, et même plutôt moins bien jusqu'au début de 2005. Depuis le 9 septembre 1999, les actionnaires de Michelin ont gagné environ 3,5 % par an, soit guère plus que le livret A ! Difficile, dans ces conditions de dire qu'ils se sont engraissés aux dépens des travailleurs. En réalité, c'est plus de la concurrence internationale que de la pression de ses actionnaires que Michelin souffre : dans un secteur très concentré, la lutte pour les parts de marché fait rage, et les prix chutent. Et lorsque l'entreprise souffre, ce sont aussi bien les actionnaires que les employés qui trinquent.

Sur le long terme, travail et capital sont donc dans le même bateau. C'est même là l'un des rares invariants de l'économie, dit « loi de Cobb-Douglas », du nom des économistes américains qui le mirent à jour dans les années 1930. Quel que soit le pays considéré, ou la période, pourvu qu'elle soit assez longue, la part du travail dans le surplus produit par la nation s'établit aux alentours de deux tiers, le tiers restant revenant aux capitalistes. Ainsi, que l'on considère les États-Unis, le royaume du capitalisme financier, ou le Danemark, temple de la social-démocratie, les chiffres sont toujours les mêmes, 70 % pour les travailleurs, 30 % pour les capitalistes [1]. De même, que l'on considère la France du plein emploi dans les années 1960, ou la France des années 1990, avec son chômage de masse, la même répartition ressort. De fait, depuis le début des années 1990, alors que triomphait sur les marchés internationaux le capitalisme financier, la part en France des salaires dans la production nationale fluctue très légèrement entre 60 et 62 % [2].

Pour comprendre les forces qui sont derrière cette invariance, il faut faire un soupçon de théorie économique. Pour employer une image, les macro-économistes se représentent la nation comme un cuisinier qui combine du chocolat (le travail, c'est-à-dire les employés) et de la farine (le capital, c'est-à-dire les machines) pour cuisiner un gâteau (le PIB de l'économie). Le rapport des deux ingrédients dans la recette, disons deux kilos de chocolat pour un de farine, est ce que les économistes appellent la *technologie de production*.

Que ce passe-t-il si l'un des deux ingrédients devient plus cher ? Par exemple, imaginons que le prix de la farine augmente, c'est-à-dire que, dans un pays donné, les investisseurs exigent soudain un rendement plus élevé pour continuer de financer les machines. Le cuisinier s'adapte aux circonstances en modifiant un peu sa recette. Il

1. Sur la période 1970-2002, voir Arnaud Sylvain et François Lequiller, « Évolution et répartition de la valeur ajoutée : aspects internationaux et comparatifs », communication au onzième colloque de comptabilité nationale, 19 janvier 2006 (voir http://www.insee.fr).

2. Philippe Askenazy, « Partage de la valeur ajoutée et rentabilité du capital en France et aux États-Unis : une réévaluation », *Économie et Statistique*, n° 363-364-365, 2003.

emploiera plus de chocolat et moins de farine. Autrement dit, lorsque le capital se raréfie – devient plus cher – la réponse de l'économie est d'en utiliser moins, et d'exploiter davantage la ressource qui est (relativement) la plus abondante : le travail. Au total, la part du budget que le cuisinier dépense pour payer le travail peut donc diminuer – parce que le capital doit être mieux rémunéré – ou augmenter – parce que l'économie utilise plus de travail et moins de capital. L'effet total est, comme souvent en théorie économique, ambigu. Les calculs de Daron Acemoglu du MIT[1] montrent que, pour des technologies qui représentent correctement la structure de production des économies, les deux effets se compensent exactement. En dépit du changement de prix du chocolat, notre cuisinier dépensera au final la même fraction de son budget en farine et en chocolat, seules les proportions des ingrédients ont changé. La part de gâteau qui revient au travail ne bouge pas, même si le capital se renchérit !

Pour naïve que soit la métaphore du gâteau, ses enseignements sont riches, car c'est sur cette invariance de la règle de partage que butent souvent nos politiques économiques. On voudrait améliorer le sort des travailleurs, par exemple en obligeant les entreprises à les payer plus. Ce qui se passe alors, c'est une utilisation accrue du capital qui, au prix d'un chômage plus élevé, ramène la part du travail dans le gâteau à son immuable niveau, deux tiers...

1. Daron Acemoglu, « Directed Technical Change », *Review of Economic Studies*, 2005. Voir également Ricardo Caballero et Mohammad Hammour, « The Macroeconomics of Specificity », *Journal of Political Economy*, 1998, et Olivier Blanchard, « The Medium Run », *Brookings Papers on Economic Activity*, 1997.

Cependant, la taille du gâteau que le cuisinier peut faire avec un budget donné diminue, puisque toutes les recettes, quelles que soient leur combinaison de chocolat et de farine, sont devenues plus chères. Autrement dit, l'économie sort appauvrie.

On voit donc ici que l'idée selon laquelle un renchérissement du capital est la cause d'une distorsion dans le partage de la valeur ajoutée ne tient pas la route : dans les faits, cette distorsion n'est pas observée, et en théorie, on ne s'attend pas à ce qu'elle se produise.

Pourquoi la France a embrassé la globalisation financière

Mais il existe une observation qui contredit encore plus directement la thèse que les investisseurs sont devenus plus « gourmands », au détriment des travailleurs. La globalisation financière, loin d'augmenter les exigences de rendement des investisseurs de nos entreprises, les a en fait réduites de manière spectaculaire. C'est d'ailleurs précisément pour organiser la concurrence entre épargnants étrangers et français que le gouvernement a immergé, dans les années 1980, notre pays dans le marché mondial des capitaux.

Il faut en effet se replacer dans le contexte de la France du début des années 1980. Jusqu'en 1983, le pays se tient à l'écart de la mondialisation financière, déjà amorcée dans les années 1970 à Londres avec le recyclage des revenus des pays producteurs de pétrole (les pétrodollars). Cette situation est un héritage du protectionnisme financier d'après guerre, qui cherche à maintenir au sein du pays une épargne nationale nécessaire à sa reconstruction – nous y reviendrons plus loin. À l'époque, les investissements étrangers se limitent donc pour l'essentiel à des prêts directs à l'État français : le flou sur l'autonomie des entreprises dans l'économie dirigée, les dévaluations successives des années 1970 et finalement l'instauration d'un contrôle des changes – destiné à empêcher les capitaux de fuir à l'étranger – ne font pas de notre pays une destination attrayante pour les investisseurs non résidents.

En 1983, le ministre des Finances de l'époque, Pierre Bérégovoy, réalise que cet autisme économique n'est plus tenable. Après le choc pétrolier de 1979 et la relance ratée de 1981, l'État a accumulé une dette publique considérable, que l'épargne des Français seule ne peut absorber sans risque d'asphyxier le secteur privé. À partir de 1983, en quelques années, les entreprises sont encouragées à lever leurs capitaux hors du territoire. Le marché financier français est profondément réformé. Et surtout, l'État s'engage à ne plus « piéger » les capitaux en France, ce qui rassure les investisseurs étrangers.

Les capitaux reviennent en masse pour acheter la dette publique et les actions des sociétés françaises qui retrouvent progressivement le chemin de la rentabilité. D'autant que les opportunités d'investissement sont grandes. En 1986-1987, la droite revenue au pouvoir privatise plus de cinquante sociétés, fleurons de l'industrie et de la finance française, et les investisseurs étrangers se ruent sur les bonnes affaires. Puis, le mouvement s'accélère au cours des années 1990 : en 2004, les investisseurs étrangers détiennent environ 45 % du capital des sociétés du CAC 40, et

22 % si l'on étend le champ à toutes les entreprises françaises, cotées et non cotées. Le contraste avec le début des années 1980 est saisissant : à l'époque, les investisseurs non résidents ne détenaient pas 10 % du capital des sociétés cotées [1].

L'histoire nous l'enseigne : c'était précisément la rareté du capital qui a poussé à l'ouverture de notre pays aux capitaux mondiaux. Le but du ralliement à la finance globalisée était de désasphyxier notre économie en rendant le capital plus abondant, donc *moins* cher, et à cet égard la manœuvre a été un succès. Emprunter est pour les entreprises bien meilleur marché que dans l'économie rationnée d'avant 1984. Vingt ans plus tard, les taux d'intérêt n'ont jamais été si bas, et la rentabilité du capital a même décliné tout au long des années 1990, de 13 à 11 % [2]. Ce n'est pas une surprise : l'effet premier de la globalisation est la mise en concurrence impitoyable des différents investisseurs. Les banques doivent proposer des conditions de prêts plus intéressantes pour rester dans la course, les actionnaires doivent se contenter de rendements raisonnables face au déferlement des fonds de retraite et autres investisseurs anglo-saxons désireux d'investir en Europe pour se diversifier.

Les trois familles d'investisseurs étrangers

C'est peut-être là, justement, qu'il faut chercher un motif d'inquiétude : si le coût du capital n'a pas augmenté,

1. Source : Tableau des opérations financières (Banque de France).
2. Philippe Askenazy, *op. cit.*

la nature des investisseurs a, quant à elle, changé drastiquement. L'investisseur moyen est maintenant plus étranger, mais aussi plus professionnel : on évoque souvent le gestionnaire de fonds américains, le requin de la finance, en lieu et place de la famille fondatrice ou du petit porteur français. Doit-on s'attendre à ce que ces nouveaux propriétaires traitent les salariés français différemment ?

Sur le plan macro-économique, nous l'avons vu, il semble que non : la part des salaires dans le revenu national n'a pas changé, alors même que les investisseurs étrangers se rendaient propriétaires d'une fraction non négligeable de notre économie. Parce que ce constat défie l'intuition, une approche complémentaire consiste à abandonner le scaphandre de cosmonaute du macro-économiste pour regarder, à la loupe, en micro-économistes, la nature et le rôle concret de ces investisseurs étrangers.

On peut, parmi eux, distinguer trois grandes catégories : les actionnaires des grandes entreprises cotées, les multinationales qui développent une activité en France, et enfin les fonds d'investissement qui s'intéressent aux entreprises de taille moyenne. Pour des raisons que nous allons examiner, ces trois types d'investisseurs souffrent d'une image très détériorée en France.

Intéressons-nous d'abord à ces actionnaires étrangers qui détiennent près de la moitié du CAC 40. Pour l'essentiel, il s'agit d'investisseurs institutionnels, qui gèrent l'épargne de travailleurs anglais ou américains, les fameux fonds de pension et *mutual funds*[1]. Leur mandat est d'optimiser les

1. Calpers, Fidelity, Vanguard, pour citer quelques noms, sont parmi les plus grands groupements de ces fonds.

retours sur investissement, tout en limitant les risques. Ils cherchent donc à investir dans tous les pays du monde, afin d'éviter d'exposer trop leurs clients à la conjoncture du pays où ils travaillent. Pour une large fraction, ils ne sont pas loin de simplement répliquer l'indice boursier, ou bien de fabriquer des « bouquets d'actions » représentatifs de larges catégories d'entreprises comme les « grosses capitalisations européennes ». Reposant plus sur l'analyse de leurs gestionnaires, certains fonds d'investissement recherchent à exploiter des « erreurs » de valorisation du marché. Dans un cas comme dans l'autre, ce sont des investisseurs passifs : ils cherchent rarement à exercer une influence directe sur la stratégie des entreprises, et votent avant tout « avec leurs pieds », c'est-à-dire en vendant ou en achetant plus, au gré des performances d'une entreprise ou de sa catégorie. Le temps où les capitalistes étaient prisonniers du territoire est révolu : le capital est mobile et les performances des entreprises sont comparées au reste du monde.

Et pourtant, les nouveaux propriétaires ne sont pas plus gourmands que les anciens. Nous l'avons vu, la part des salaires dans la production nationale est remarquablement stable depuis le début des années 1990. Le rendement du capital investi dans les entreprises françaises décline légèrement sur cette période. La passivité des investisseurs est d'ailleurs telle que la gouvernance des entreprises est devenue un sujet de préoccupation : puisque les actionnaires ne le font pas, le législateur envisage d'intervenir plus, par exemple sur la rémunération des dirigeants.

Alors, pourquoi tant de haine et de soupçon sur ces investisseurs qui brillent par leur passivité ? On pourrait penser que c'est leur évanescence, le rideau abstrait de la finance, qui déclenche l'agressivité anxieuse des salariés : la disparition de la personne physique du gros actionnaire au profit de ces fonds intangibles qui représentent les intérêts d'une foule d'anonymes étrangers est vécue comme une perte douloureuse d'interlocuteur. Ce fantasme de la confrontation impossible avec l'actionnaire invisible, l'écrivain Frédéric Beigbeder le met crûment en scène dans son roman *99 francs*. Le héros, Charlie, tabasse à mort une petite vieille en Floride : « N'essayez pas de m'attendrir, Madame W. Est-ce que vous vous êtes attendrie lorsque des régions entières ont été brisées par des dégraissages massifs, des restructurations intensives, des plans sociaux abusifs décidés uniquement pour vos beaux yeux[1] ? »

Précisément à cause de leur invisibilité, il est facile de faire porter aux fonds américains la responsabilité de nos malheurs. Et c'est ce dont ne se privent pas certains patrons et observateurs de l'économie. Pour la facilité de l'explication, nos hommes politiques ont ouvert la France à la concurrence en disant que ce n'était pas leur choix mais celui de « Bruxelles » ; de même, nos grands patrons ont restructuré les entreprises en affirmant que ce n'était pas leur volonté propre mais le diktat des rendements de l'actionnaire. Dans le premier cas, la conséquence a été le formidable « Non à l'Europe » qu'on connaît. Faut-il s'étonner que dans le second, la réaction obtenue soit un « Non au marché financier » tout aussi tonitruant ?

Pourtant, lorsqu'ils restructurent, nos grands patrons – qui, rémunérés en actions et en stock-options, n'ont jamais

1. Frédéric Beigbeder, *99 francs*, Grasset, 2000.

été aussi acquis à la maximisation de la valeur actionnariale – ne le font pas sous la dictée d'un actionnaire invisible, mais pour anticiper sur les contraintes de la concurrence internationale. Le prix de l'action ne fait que valider la pertinence de ces stratégies. On se méprend donc en attribuant à la pression directe des fonds étrangers les réformes de notre tissu productif, comme les délocalisations. Substituer au fonds de la retraitée de Floride un fonds d'épargne bien français ne changerait rien à l'affaire. En attendant, le bouc émissaire est tout trouvé.

Qu'en est-il des autres catégories d'investisseurs étrangers ? Contrairement aux fonds de pension, les fonds d'investissement spécialisés dans les entreprises non cotées (*private equity*) ne sont pas passifs. Héritiers des raiders des années 1980, ils prennent, grâce à un très fort niveau d'endettement, le contrôle de filiales ou de PME françaises et mettent les mains dans le cambouis pour redéfinir leur stratégie et améliorer leur performance. Prenons un exemple de ces transactions appelées LBO (*Leveraged Buy-Outs*) : à la fin de l'été 2006, France Telecom a annoncé la cession pour 3,3 milliards d'euros sa part de 54 % dans les Pages Jaunes à un des plus célèbres fonds de *private equity* américain, KKR (Kohlberg-Kravis-Roberts). Le fonds d'investissement anticipe de racheter par la suite l'intégralité des actions. Cette entreprise, aujourd'hui cotée et dont le nom est familier des Français, sera alors totalement sous le contrôle des financiers américains. La transaction a fait du bruit dans le milieu de la finance à cause du très fort niveau d'endettement choisi par KKR : la charge de cette dette géante, KKR va la transmettre à son acquisition. Pages Jaunes va donc devoir générer des dividendes très élevés pour son nouvel actionnaire.

Cette mise sous « pression financière » intense est le principe général du LBO. Ce n'est pas une entreprise en difficulté que cède France Telecom, loin s'en faut : déjà très profitable, elle tire parti du boom de la publicité sur Internet. Elle est en pleine phase de croissance, en particulier à l'étranger, et pourrait bénéficier de l'expérience de KKR qui a assuré le développement à partir de 2002 de l'équivalent canadien, the Yellow Pages Group Co, basé à Montréal. Pourtant, ce rachat n'est pas accueilli favorablement par les syndicats. La CGT appelle à une mobilisation immédiate : « KKR, comme tous les fonds d'investissements, a pour ligne de mire un retour sur investissement rapide et une profitabilité maximale, qui d'expérience s'oppose au progrès social. [...] Toute activité jugée moins rentable risque d'être éliminée comme le minitel, l'annuaire papier. C'est donc une remise en question des 4 677 emplois salariés de Pages Jaunes [1]. »

Qui faut-il croire ? En suivant dans le temps un groupe représentatif d'entreprises qui ont font l'objet d'un LBO, il nous est possible de savoir si la réponse au stress financier se traduit par une baisse des salaires et de l'emploi, ou au contraire un accroissement des profits totaux, dont les salariés bénéficient aussi.

Steven Kaplan, de l'université de Chicago, a étudié spécifiquement les LBO effectués sur de grandes entreprises américaines par des fonds d'investissement [2]. Les résultats

1. Communiqué de la Fédération nationale des salariés du secteur des activités postales et de télécommunications, Montreuil, le 25 juillet 2006.

2. Steven Kaplan, *op. cit.*

de son travail minutieux méritent d'être détaillés. Contrairement à ce que l'intuition pourrait suggérer, les profits nécessaires au remboursement des forts niveaux de dette que ces transactions impliquent n'ont pas été obtenus aux dépens de l'emploi. Certes, ces entreprises ont cessé d'investir – toute la trésorerie disponible a été mobilisée pour rembourser la dette – mais cela ne pèse pas réellement sur leur valeur, puisqu'elles sont revendues plus cher par la suite. Ce qui suggère qu'elles investissaient auparavant de manière excessive[1]. En revanche, l'emploi n'a pas souffert de ce changement brutal de stratégie : si on les compare à leurs concurrentes, ces sociétés n'ont pas particulièrement réduit leur force de travail. On pourrait craindre que les résultats soient différents si on s'intéresse aux petites entreprises, plus susceptibles d'être purement et simplement liquidées. Au milieu des années 1990, Frank Lichtenberg, de l'université de Columbia, et Donald Siegel, de la State University of New York, ont étendu le travail de Steven Kaplan aux petites entreprises non cotées, qui ont, elles aussi, fait l'objet d'un rachat par des professionnels de la finance rendus très agressifs par les dettes massives qu'ils

1. Pour ceux de nos lecteurs qui douteraient qu'une entreprise française puisse investir à tort et à travers, il suffit de se rappeler l'épisode Vivendi. Dans le contexte des années 1980 aux États-Unis, Michael Jensen analyse l'industrie pétrolière américaine après les chocs pétroliers de 1975 et 1979. Comme aujourd'hui, les très fortes hausses des prix du pétrole se sont traduites par des profits gigantesques. Jensen rappelle que ces profits gigantesques ont été la plupart du temps très mal réinvestis : soit dans des secteurs sans rapport avec l'extraction pétrolière, où l'entreprise n'avait aucune expertise, soit dans l'exploration de nouveaux champs peu rentables. Voir Michael Jensen, « Agency Costs of Free Cash Flows », *The American Economic Review*, 1986.

ont dû contracter. Leur analyse inclut plus de détails sur les implications concrètes de la pression financière. L'emploi des ouvriers n'est pas affecté par l'opération ; leurs salaires augmentent un peu. Au niveau de l'atelier de production, la pression au travail semble inchangée : le nombre d'heures travaillées n'augmente pas. En revanche, les cadres supportent une pression plus importante : l'emploi baisse quelque peu, quoique de manière trop faible pour être réellement interprétée comme un comportement systématique. Leurs hausses de salaires, comparées à d'autres entreprises du même secteur, sont en revanche plus faibles, d'environ 5 %. Comme pour les OPA, c'est l'équipe dirigeante, forcée de faire le maximum, qui est mise dans l'inconfort et subit le stress financier.

Toutes les cessions ne terminent pas dans le portefeuille des fonds d'investissement, car les grandes multinationales, troisième type d'investisseur étranger, sont elles aussi à la recherche d'opportunités de croissance. Ces investisseurs ne suscitent pas plus de sympathie. Le public craint qu'un siège social éloigné, peu sensible aux doléances émanant de sa filiale française, soit plus enclin à licencier et baisser les salaires. Chacun se souvient de l'exemple récent de Hewlett-Packard : en 2005, la société américaine, en grande difficulté financière, annonce la suppression d'un quart de ses effectifs en France, soit 1 240 emplois. Au total, les salariés qui conserveront leur emploi devront travailler plus, alors que la société avait vu ses bénéfices augmenter de 46 % au troisième trimestre de l'année. Le retentissement médiatique de l'affaire est considérable d'autant que HP avait joui de subventions lors de son installation ; la classe politique ne peut rester indifférente. Le

Premier ministre menace la société américaine de sanctions.

Le cas de HP est-il représentatif ? Là aussi, les résultats des études réalisées aux États-Unis, au Royaume-Uni ou en Suède sont à la fois concordants et déroutants [1]. La prise de contrôle d'un établissement par un investisseur étranger se traduit, systématiquement, par une forte hausse de la productivité ; l'emploi, en moyenne, demeure stable, et la part du surplus – maintenant plus élevé – que les employés s'approprient demeure constante. Par conséquent, les salaires augmentent. Au total, pour l'employé moyen de l'entreprise achetée, l'arrivée des étrangers est donc plutôt une bonne nouvelle. D'ailleurs, les multinationales anglo-saxonnes sont plutôt connues pour l'importance qu'elles accordent au bien-être de l'employé : un classement indépendant des « entreprises où il fait bon travailler en France » donne cinq filiales d'entreprises américaines dans le peloton de tête [2].

Pourquoi ce décalage entre les perceptions de l'opinion et les réalités statistiques ? Ce que nos résultats statistiques de neutralité des investissements étrangers sur l'emploi traduisent, c'est l'effet combiné de deux situations opposées.

1. À notre connaissance, aucune étude française n'a été réalisée à ce jour. Pour le Royaume-Uni, voir par exemple : Griffith et Simpson, « Characteristics of Foreign Owned Firms in British Manufacturing », Document de travail NBER, n° 9573. Pour la Suède, voir Heyman, Sjöholm et Gustavsson, « Is There Really a Foreign Ownership Wage Premium ? Evidence From Matched Employer Employee Data », Document de travail TRUIER, n° 199. Pour les États-Unis, voir Bernard and Jensen, « Firm Structure, Multinationals and Manufacturing Plant Deaths », mimeo Dartmouth.

2. Classement 2006 du Great Place to Work Institute (http://www.greatplacetowork.com/best/list-fr-2005.htm).

Premier cas, le repreneur étranger est une société multinationale qui souhaite s'implanter en France. Il apporte un savoir-faire, un produit ou une organisation efficace. Dans ce cas, l'emploi et les salaires augmentent fortement. L'investisseur est accueilli avec le tapis rouge et des subventions, mais souvent sans grand remous dans les médias nationaux.

Alternativement, l'investisseur étranger arrive car il est le seul à accepter de faire le « sale boulot » de restructuration d'une entreprise confrontée à la compétition internationale. On peut ici penser à la cession par Alcatel de ses usines au singapouréen Flextronics. Il est plus facile pour une entreprise étrangère, moins sensible à son image et à son rapport avec les syndicats, de se salir les mains. Mais ce biais de sélection – les étrangers sont souvent impliqués dans des opérations de restructurations douloureuses – ne doit pas faire oublier la réalité du marché : c'est pour rester compétitive, et satisfaire le consommateur au plus bas prix, que l'entreprise doit passer par là. Propres à exciter l'imagination, ce sont souvent les investissements de ce type qui font leur chemin jusqu'au journal de vingt heures et biaisent notre perception des investisseurs étrangers.

Au total, investisseur étranger ou financier agressif, le résultat est toujours le même : la finance n'est pas l'ennemie de l'emploi. La pression financière, si elle traduit souvent les difficultés auxquelles l'entreprise doit faire face, ne déforme pas le partage du « gâteau » entre actionnaires et salariés. Au niveau de l'entreprise comme au niveau de la nation, la pression financière n'a pas abouti à l'enrichissement des capitalistes aux dépens des travailleurs. Comme dans le cas de Michelin, leurs destins sont liés, irrémédiablement, à celui de l'économie française.

Mais nous ne pouvons pas conclure ce chapitre sans revenir à la déclaration du représentant syndical des employés de Michelin : « On nous demande toujours plus. Depuis 1983, on nous supprime des emplois et on bosse toujours plus. Et ça ne suffit jamais. » En dépit de toutes les études que nous avons citées, c'est indéniable, la pression qui pèse sur les salariés de Michelin s'est bel et bien accrue ! Si ce ne sont pas les actionnaires de Michelin qui en ont profité, alors qui ?

Évidemment, les employés qui ont conservé leurs emplois ont connu des hausses de salaires, peu ou prou en ligne avec la croissance de l'économie, qui n'a pas été flamboyante depuis 1983. Les actionnaires ont touché, bon an mal an, 8 %, un rendement qui reflète à peine le risque qu'il y a à investir son épargne dans cette société. Mais les grands gagnants, ce sont les consommateurs de Michelin. Depuis 1998, le prix des pneumatiques tel qu'il est publié par l'INSEE s'est accru d'à peine 2 %. Une paille comparée à l'inflation, qui, cumulée sur la période 1998-2006, s'établit à 13,5 % ! Donc Michelin n'a pu augmenter ses prix, alors même que ses coûts de production augmentaient. Sur la même période, les salaires augmentent de près de 20 %. Le prix du pétrole, matière première clé dans la fabrication de pneumatiques, est multiplié par trois.

Ainsi, malgré des consommateurs plus riches, Michelin n'a pas pu répercuter ses hausses de coûts sur les automobilistes. C'est évidemment, pour les consommateurs, l'effet bénéfique et surpuissant de la concurrence internationale. Mais pour l'entreprise, ses salariés et ses actionnaires, c'est une rude épreuve : la firme de Clermont-Ferrand avait été, un temps, leader mondial dans son secteur. Mais après les fusions qu'a connues l'industrie, elle est maintenant reléguée à la troisième place. La guerre des prix fait rage, aussi l'entreprise, pour survivre, est-elle contrainte à de forts gains de productivité si elle veut continuer à rémunérer salariés et actionnaires, et surtout satisfaire ses consommateurs au moindre prix.

L'exemple de Michelin illustre de manière éclatante la schizophrénie du citoyen français dans la mondialisation : il subit, en tant qu'employé, la pression qu'il s'impose à lui-même en tant que consommateur. Et rejette la faute sur la finance.

Chapitre 4

Une société de propriétaires

Nous l'avons vu : la dénonciation habituelle des errements du capitalisme financier repose largement sur des analyses au mieux incomplètes, au pire fausses. Dans ces conditions, le plus étonnant est que ces thèses aient acquis au fil des ans un statut d'évidences incontestables. Rares sont ceux, économistes ou non, qui se risquent à les remettre en question dans le débat public. Or, l'ampleur de ce consensus contre le « grand méchant marché » est une idiosyncrasie française : elle traduit la relation pathologique que notre pays entretient avec l'économie de marché, et que les sondages d'opinion confirment les uns après les autres.

Rien d'étonnant pour qui connaît notre culture et notre histoire, est-on tenté de répondre un peu rapidement. Après tout, ce sont des profondeurs de notre histoire que gronde la haine du propriétaire et du capitaliste, un besoin de protection, voire de tutelle, que seul l'État peut apporter. Notre culture contient un colbertisme congénital dont nous ne pourrons pas nous défaire ; il faut « faire avec ».

Cette vision culturaliste hérite d'une longue et noble tradition intellectuelle. Au début du XXe siècle, Max Weber opposait l'âpreté au gain du calvinisme à l'apologie de la pauvreté chez les catholiques, peu compatible avec le profit financier. Pour les penseurs d'inspiration tocquevillienne, les origines de l'anti-capitalisme sont politiques : la monarchie absolue puis la Révolution jacobine ont affaibli les corps intermédiaires, et ont durablement remplacé le lien social par l'activisme de l'État[1]. Plus récemment, certains économistes très influents outre-Atlantique ont soutenu que le rejet de la finance est inscrit au cœur d'une tradition juridique qui cherche avec trop de zèle à protéger l'homme contre lui-même[2]. Si on adhère à une telle lecture, culturaliste ou institutionnaliste, de l'opinion française, la transplantation sur notre sol des mécanismes de marché « anglo-saxons » serait tout bonnement vouée à l'échec. La greffe « libérale » ne peut pas prendre.

Précisément parce qu'elles ont l'apparence de l'évidence, ces analyses nous cachent une grande partie de la vérité. Première observation : les comportements et les croyances économiques évoluent beaucoup trop rapidement pour pouvoir être de véritables invariants. La relation entre

1. Des exemples récents du retour de ces thèses sont Francis Fukuyama, *Trust*, New York, Free Press, 1998, et Robert Putnam, *Making Democracy Work : Civic Traditions in Modern Italy*, Princeton University Press, 1993.

2. Rafael LaPorta, Florencio Lopez de Silanes, Andrei Shleifer et Robert Vishny, « Law and Finance », *Journal of Political Economy*, 1998. Voir en particulier la discussion pages 1117-1119. L'idée a rencontré un certain succès, au point que la Banque mondiale a encouragé les anciennes colonies françaises à se débarrasser de cet héritage et à adopter des institutions juridiques anglo-saxonnes.

culture et économie est trop complexe, trop changeante pour qu'on puisse parler de déterminisme. Si l'approche culturaliste jette parfois un éclairage fécond sur le passé, elle est d'un bien faible secours pour qui veut anticiper. Seconde observation : l'histoire de France inflige un démenti cinglant à la thèse culturelle de l'anticapitalisme : notre pays a déjà vécu une longue période, quelque peu oubliée tant elle nous semble étrangère, de cohabitation harmonieuse avec le capitalisme financier. En fait, si notre société devait tirer son ADN culturel de l'histoire, celui-ci devrait être plus anti-Étatiste qu'anti-capitaliste.

Les déboires du déterminisme culturel

Le lien entre culture et économie est à la fois ténu et changeant, comme le montre l'exemple de la Chine. La longue stagnation de l'économie chinoise entre le XIVe et le XXe siècle est en effet une des grandes questions ouvertes en histoire de l'économie. Sous les dynasties Sung (960-1126) et Yuan (1127-1367), l'empire du Milieu avait atteint un niveau de développement économique et technologique très avancé. Pour l'historien Joel Mokyr, la Chine du XIVe siècle était « sur le point d'entrer dans une phase de développement similaire à la grande révolution industrielle anglaise », et avait donc près de quatre siècles d'avance sur l'Europe [1]. Pourtant, alors que le progrès technique en Europe s'accélérait et que l'Occident se lançait à

1. Joel Mokyr, *The Lever of Riches : Technological Creativity and Technological Progress*, Oxford University Press, 1991.

la conquête du monde, la progression de l'économie chinoise a été stoppée net jusqu'au XXe siècle. Comment l'expliquer ?

La culture, répondent cette fois-ci les plus grands sinologues des années 1960 [1]. Le confucianisme a privilégié le statu quo et la soumission à l'ordre établi. Il n'a pas assez valorisé le travail et l'accumulation de richesses terrestres ; il méprise les travaux manuels. Il a donné trop de poids à la haute fonction publique et aux lettrés. La tradition politique était celle d'un État omniprésent, ultra-centralisé et extrêmement peu efficace. Dans ce contexte, les entrepreneurs cherchent davantage à s'arroger des monopoles qu'à créer de nouvelles activités. Selon les mots écrits en 1960 par John Fairbank, l'un des sinologues les plus influents de son époque, « l'écart de croissance économique entre l'Europe et la Chine est un symptôme de leurs profondes différences culturelles [2] ». Plus récemment, le politologue américain Francis Fukuyama diagnostiquait dans l'importance attachée à la famille par la tradition confucéenne, une inadaptation majeure de la Chine à la modernisation économique [3].

1. Voir par exemple Harriet Zurndorfer, « Confusing Confucianism with Capitalism : Culture As Impediment And/Or Stimulus to Chinese Economic Development », article disponible en ligne.

2. John Fairbank, professeur à l'université Harvard, est considéré par certains comme l'un des pères de la sinologie moderne. L'article auquel le texte fait référence est « Economic Change in Early Modern China : An Analytic Framework », publié en 1960 par John Fairbank, Alexander Eckstein et L.S. Yang dans *Economic Development and Cultural Change.*

3. Francis Fukuyama, *op. cit.* Sur ce thème, voir également David Landes, « The Wealth and Poverty of Nations », W.W. Norton, 1996.

On connaît la suite : entre 1996 et 2005, la production par habitant a crû de 134 % en Chine, contre 20 % dans l'Union européenne. Les jeunes Chinois semblent avoir adopté en moins d'une décennie une version très libérale de l'économie de marché, greffe improbable pour les culturalistes. Pourtant, ceux-ci n'ont pas reculé. Ainsi, l'expert de Princeton Yu Yingshi défend la thèse que sous la dynastie Tang (618-907), taoïsme et bouddhisme ont permis l'émergence d'une éthique du travail similaire à celle que le protestantisme avait pu susciter en Europe : fiabilité, honnêteté, dignité dans l'effort et, au final, une fierté acquise de l'enrichissement. Si les thèses de Yu semblent controversées hors d'Asie, la sinologue Harriet Zurndorfer rappelle que d'autres théories culturalistes rencontrent davantage de succès pour réconcilier tradition confucéenne et modernité économique, comme par exemple celle qui porte au crédit de la famille le dynamisme des entreprises chinoises. On le voit bien au travers de l'exemple chinois, l'adhésion culturelle à des systèmes économiques peut changer très vite. Autrement dit, sans nier l'importance des facteurs culturels dans la relation à l'économie, il est difficile de croire à la permanence et à la stabilité de leur influence : l'histoire témoigne avant tout de l'absence de fatalité culturelle en économie.

Les surprises de la généalogie : nos aïeux, libéraux et boursicoteurs

Pour ce qui est de la France, la théorie d'une origine culturelle lointaine de l'anticapitalisme résiste aussi mal que pour la Chine à l'examen historique. Mais ce n'est pas le présent ; c'est le passé récent qui la discrédite. En effet, dans certains de ses traits, la France du début du XXe siècle ressemble à s'y méprendre aux États-Unis d'aujourd'hui. C'est une société de propriétaires, fonciers et financiers, attachée à la protection des droits de propriété et à la doctrine de l'État minimal. Une société, à bien des égards, profondément attachée au capitalisme.

En 1913, le marché financier français est l'un des plus développés au monde. Raghuram Rajan et Luigi Zingales, de l'université de Chicago, ont réuni les données nécessaires pour comparer le développement des marchés financiers au début du siècle dans la plupart des pays du monde[1]. Un indicateur naturel de développement financier est la capitalisation boursière, c'est-à-dire la somme des valeurs de toutes les actions cotées sur la place. Pour la rapporter à la taille de l'économie, Rajan et Zingales divisent ce chiffre par le PIB de chaque économie, ce qui indique l'importance du financement par actions dans l'économie. Les résultats de cette étude ont surpris la communauté des économistes : dans la plupart des pays du monde, les marchés financiers sont plus développés en 1913 qu'au début des années 1980. Ainsi, l'importance des marchés boursiers, comme celle de échanges commerciaux, a connu tout au long du siècle une évolution en U : initialement élevée, celle-ci s'est effondrée pendant les années 1930, pour retrouver, dans les années 1990, son niveau du début du siècle. L'histoire ne fait que se répéter :

1. Raghuram Rajan et Luigi Zingales, « The Great Reversals : The Politics of Financial Development in the XXth Century », *Journal of Financial Economics*, 2003.

l'époque que nous vivons est donc à la fois une seconde mondialisation et une seconde financiarisation [1].

La France ne fait pas exception à ce mouvement d'ensemble : rapportée au PIB, la valeur des actions cotées en Bourse s'y établit à 78 % en 1913, contre 39 % aux États-Unis, 44 % en Allemagne ou 56 % aux Pays-Bas. Parmi les grands pays développés, seul le Royaume-Uni dispose d'un marché financier plus développé que le nôtre, avec un ratio de capitalisation boursière sur PIB de 100 %. C'est la seconde surprise de l'étude de Rajan et Zingales : au début du siècle, la France, malgré ses supposés freins religieux, culturels ou institutionnels, dispose d'un marché financier bien plus large, en termes absolus et relatifs, que les États-Unis.

Les travaux des historiens contemporains donnent un peu de chair à ce tableau statistique. Dans un article récent, Pierre-Cyrille Hautcœur rappelle qu'à partir du début du XXe siècle, les entreprises françaises s'appuient en très grande partie sur le marché financier pour trouver les moyens de leur croissance [2]. Jusqu'à la fin du XIXe siècle, seuls certains secteurs de l'économie ont recours au marché financier : les grandes banques, les chemins de fer et surtout l'État. Puis, à mesure que la seconde révolution industrielle se diffuse, les entreprises de la nouvelle économie

1. Marc Flandreau et Chantal Rivière, « Contrôle de capitaux et intégration financière internationale : La grande "Retransformation" ? », *Problèmes économiques*, n° 2651, 2000.

2. Pierre-Cyrille Hautcœur, « Asymétries d'information, coûts de mandat et financement des entreprises françaises (1890-1936) », *Revue économique*, 1999.

(chimie, agroalimentaire, distribution électrique, tramways) entrent sur le marché. Ce sont, pour l'essentiel, ces entreprises qui expliquent le dynamisme du marché financier avant guerre. Ce dynamisme se prolonge ensuite après 1918, avec l'arrivée des secteurs de l'automobile et de l'exploitation pétrolière dans les années 1920. Au début du XXe siècle, le marché boursier français connaît une formidable expansion. Au total, le nombre d'entreprises cotées en Bourse passe d'environ 200 à 600 entre 1900 et 1930. Le marché boursier est attractif car les banques sont alors des investisseurs de court terme, qui exigent un remboursement rapide de leur investissement. La Bourse, en revanche, investit à long terme et devient donc le partenaire privilégié de l'expansion industrielle de la Belle Époque, puis des Années folles.

À dire vrai, le développement rapide du marché financier à cette époque a quelque chose d'étonnant, car les petits épargnants ne savent presque rien sur les entreprises dans lesquelles ils investissent. Jusqu'à l'après-Seconde Guerre mondiale, les normes comptables sont inexistantes, donc les bilans publiés par les sociétés cotées sont illisibles. Les commissaires aux comptes, qui ont la charge de les établir, n'ont aucune obligation d'indépendance, et n'engagent aucune responsabilité dans leur établissement. D'ailleurs, on les soupçonne fréquemment de masquer les comportements frauduleux des dirigeants des entreprises. Dans ce domaine, un comportement typique consiste à sous-estimer les profits de manière à en détourner une fraction vers les grands actionnaires de l'entreprise. La vénalité de la presse financière confine à la corruption : elle flatte, à la demande, les entreprises qui souhaitent émettre de nouveaux titres. La jurisprudence concernant les cas de fraude affiche une complaisance coupable envers les actionnaires majoritaires.

Malgré ces comportements frauduleux et le manque d'information, les Français placent une fraction importante de leur épargne en actions. Le moins qu'on puisse dire est que l'épargnant français n'est à cette époque pas timoré, n'hésitant pas à investir dans les multiples sociétés étrangères qui viennent se coter à Paris. D'où vient cet engouement pour les actions ? La première raison est que les titres émis à l'époque par les entreprises diffèrent quelque peu des actions que nous connaissons aujourd'hui. Ces actions à « dividende prioritaire », comme on les appellerait aujourd'hui, garantissent un dividende minimal, et permettent donc de limiter les risques pour des petits épargnants peu informés[1].

Mais surtout, les Français de ce début de siècle achètent des actions – et pas seulement des valeurs de père de famille comme les obligations d'État – car l'épargne individuelle assure l'essentiel de leur retraite. La propension à épargner de cette population qui vieillit – avec une natalité et une mortalité en baisse – augmente : la part de la production nationale épargnée passe de 10 % au début du XIXe siècle à près de 20 % au début du XXe. C'est cet afflux d'épargne qui vient nourrir le développement du marché boursier[2].

1. Pierre-Cyrille Hautcœur, article cité.
2. Pierre-Cyrille Hautcœur et Françoise le Quéré, « Épargne et financement des retraites au XIXe siècle », *Revue d'économie financière*, 2002.

Émile Zola décrit dans *L'Argent* cet appétit étonnant et parfois spéculatif pour la Bourse qui traverse toutes les classes sociales de la France de 1900. Car le placement financier n'est pas réservé aux classes supérieures, mais est aussi le fait de la classe moyenne, qui à partir du début du XXe siècle investit massivement en Bourse. La classe moyenne s'enrichit rapidement, et bénéficie de manière disproportionnée de l'allongement général de l'espérance de vie [1]. La popularité des placements financiers dans les classes moyennes a été démontrée par les travaux de l'historienne Adeline Daumard, qui a reconstitué la structure des portefeuilles des ménages français de la fin du XIXe siècle à partir des données de successions [2]. Les résultats sont étonnants. En 1911, près de 45 % des legs contiennent des valeurs mobilières (c'est-à-dire des actions ou des obligations) [3]. Les

1. Pierre-Cyrille Hautcœur, article cité.

2. Adeline Daumard, *Les Fortunes françaises au XIXe siècle*, Mouton-EPHE, 1973. Voir également le compte rendu qu'en fait Pierre-Cyrille Hautcœur dans sa thèse de doctorat, *Le Marché boursier et le financement des entreprises françaises (1890-1939)*. Ces sources présentent l'avantage d'être aisément disponibles, mais risquent de sous-estimer la détention de titres. En effet, même si l'impôt sur la succession est faible à cette période, l'évasion fiscale est tentante, en particulier si le patrimoine est petit, et si les titres sont « au porteur ». Les petites successions, et en particulier celles qui comptent des titres, risquent donc d'être sous-estimées. De plus, la détention de titres est probablement plus importante à l'âge de la retraite qu'au moment de la mort.

3. Toutefois, les successions (déclarées) ne concernent que 30 % des décès, la répartition de la richesse étant structurellement plus inégalitaire que celle des revenus. À titre de comparaison, en 1984, le taux de déclaration était de 49 % (Jérôme Accardo, *Successions et donations en 1994*, INSEE Première, 1997). Il convient toutefois de mentionner qu'une succession non déclarée ne signifie pas nécessairement que la personne concernée n'a pas épargné au cours de sa vie.

actions sont remarquablement diffusées dans les classes populaires. Parmi les employés, 12 % des legs contiennent des actions. Ce chiffre monte à près de 18 % chez les cadres moyens, soit un niveau plus important que dans les professions libérales.

Si, selon Pierre-Cyrille Hautcœur, on peut compter environ 2,5 millions de porteurs de titres à la fin de la Belle Époque, la diffusion des actions dans la population française a dû progresser considérablement pendant l'entre-deux-guerres. Pendant cette période en effet, l'inflation a été forte, ce qui poussait les Français à placer leur argent. Le placement en actions était le plus attractif, car les dividendes accompagnent l'inflation. De plus, le blocage des loyers rendait l'investissement immobilier peu attractif. Tous ces facteurs ont favorisé la participation des Français aux marchés financiers. On connaît mal les chiffres exacts, mais des sociétés comme le Bon Marché ou la Société générale comptaient environ 150 000 actionnaires avant la Seconde Guerre mondiale, pour l'essentiel des petits porteurs. D'ailleurs, la petite épargne devient progressivement, à cette époque, une source de financement pour les firmes, qui développent les actions à faible montant nominal. À la fin des années 1920, les transactions sont 4 à 5 fois plus nombreuses qu'en 1911. Il est donc raisonnable d'estimer que le nombre de détenteurs de titres dans les années 1920 est très largement supérieur à 2,5 millions, sa valeur d'avant guerre.

Par comparaison, les possesseurs de valeurs mobilières sont bien moins nombreux au début des années 1980. Une étude réalisée par la SOFRES pour la Bourse de Paris évalue à environ 2,3 millions le nombre de porteurs de valeurs mobilières à la fin des années 1970 [1]. Ainsi, leur nombre a diminué entre les années 1920 et la fin des Trente Glorieuses, alors qu'il aurait dû largement augmenter. En effet, au cours de cette période, la population a augmenté de près de 40 % (de 40 à 55 millions d'habitants), et la classe moyenne s'est largement enrichie, sous l'effet cumulé de la croissance économique et de la réduction des inégalités.

La France radicale : État minimal et tradition de propriété privée

Comparé à la situation actuelle, l'enthousiasme de la classe moyenne française pour les marchés financiers en 1900 a donc de quoi surprendre. En réalité, ce comportement s'appuie sur un attachement profond à la propriété privée, que l'on peut faire remonter au Moyen Âge. Citant les travaux de Georges Duby, Michel Winock rappelle combien, aux temps médiévaux, la propriété de la terre est répandue dans notre pays, comme d'ailleurs dans le reste de l'Europe occidentale [2]. Contrairement à la croyance générale, le système féodal n'a jamais fait disparaître l'*alleu*, c'est-à-dire la propriété libre des paysans, en particulier dans le sud de la France. À côté de ces propriétés pleines et entières, coexistaient depuis le haut Moyen Âge les *tenures*

1. SOFRES, *Les Porteurs de valeurs mobilières en 2001*, Rapport à EURONEXT et la Banque de France
2. Michel Winock, « Liberté, égalité, propriété », in *La France politique*, Seuil, 1999.

paysannes, terres dont le propriétaire était techniquement le seigneur, mais que l'exploitant pouvait léguer, ou même céder. Ainsi, pour des raisons qui remontent aux profondeurs de notre histoire, la propriété paysanne est très largement diffusée dans la France d'Ancien Régime : Michel Winock estime à 4,7 millions le nombre de propriétaires fonciers à la veille de la Révolution – sur une population de moins de trente millions d'habitants. À la fin du XIXe siècle, on compte plus de huit millions de propriétaires fonciers – sur quarante millions de Français. Si les parcelles sont souvent trop petites pour permettre à leurs propriétaires de vivre du seul produit de leur terre, il n'en reste pas moins que la propriété privée est largement répandue.

Pays d'agriculteurs, la France de 1900 est également le pays de la petite entreprise et du commerce. Selon Michel Winock, on compte à la fin du XIXe siècle plus de 40 % de « patrons » dans la population active. Même aux heures les plus noires de la révolution industrielle et de l'exode rural, « le passage du salariat au travail indépendant n'a jamais cessé d'être un espoir pour beaucoup et de devenir pour certains un projet finalement réalisé ». Une fois durement acquise, cette situation doit être protégée, en particulier contre le fisc. Car le percepteur, c'est celui qui « attente à la volonté d'indépendance du travailleur libre », même lorsque celui-ci n'est pas propriétaire. Dès le XVIIe siècle, les révoltes populaires incarnent cet antagonisme entre l'indépendant et la puissance publique. Systématiquement, les paysans défendent les privilèges du lieu contre un État central qui rationalise et alourdit l'impôt. La Révolution française, qui, si elle libère le paysan de la tutelle du seigneur, poursuit l'œuvre centralisatrice de l'Ancien Régime, ne fera qu'accentuer cette opposition.

Épousant cette conviction quasi millénaire, le consensus politique de la France de 1900 est celui de l'État minimal et du respect absolu de la petite propriété. Cette doctrine est associée dans beaucoup d'esprits à la vulgarité du poujadisme d'après guerre. Pourtant, au début du siècle, la défense de la petite propriété privée résume parfaitement la doctrine économique du parti radical, le parti politique qui domine la IIIe République jusqu'aux années 1930[1]. En grande partie urbain et ouvrier jusqu'en 1880-1890, le radicalisme à partir de la fin du XIXe siècle trouve l'essentiel de son soutien politique dans les campagnes, chez les paysans mais aussi les artisans et autres indépendants. Pour Alain, « le radicalisme est petit-bourgeois », et il s'en flatte[2]. Dans ses *Propos d'économique* publiés en 1934, le philosophe résume la doctrine radicale de la propriété privée : « Ce qui est aimé d'abord, dans la propriété, c'est la liberté des travaux, plutôt que le libre usage des produits[3]. » Pour le penseur radical, la propriété est synonyme de liberté, mais c'est aussi la source d'une éthique presque religieuse du travail : « Nul homme n'aime du même amour le travail sur son propre champ, même aride et ingrat, et le travail d'un valet de chambre, quand il serait bien plus doux et mieux payé. » Le salariat, c'est l'aliénation.

1. Voir par exemple Jean Touchard, *La Gauche en France*, Seuil, 1977.
2. Alain, *Éléments d'une doctrine radicale*, Gallimard, 1925.
3. Alain, *Propos d'économique*, Gallimard, 1934.

Ce pastoralisme économique, cet attachement viscéral à la petite propriété, s'accompagnent d'une défiance à l'égard des « gros » capitalistes. Les entreprises gigantesques, les sociétés anonymes, par leur puissance de frappe économique, mais aussi leur efficacité redoutable, mettent en péril l'activité des petits producteurs et des artisans. Dépossédés de l'indépendance qui faisait leur dignité, ils doivent abandonner leur activité, devenir des salariés, des « valets de ferme » comme dit Alain. L'analogie entre ces nouveaux prédateurs et le temps de la féodalité émaille les discours radicaux. Pour Georges Clemenceau, « la soif de pouvoir des seigneurs de l'industrie, vaut bien celle des seigneurs de la terre [1] ».

Ces convictions politiques, la haute administration les partage, et celle-ci est particulièrement puissante sous la IIIe République. Soutenus par des coalitions évanescentes, les hommes politiques ont parfois bien du mal à accumuler l'expérience et la connaissance des rouages de l'État nécessaires pour gouverner. Se sachant éphémères, les ministres manquent souvent de l'horizon suffisant pour mettre en œuvre une vision économique articulée. Dans ce contexte d'affaiblissement du politique, l'administration joue un rôle clé dans l'exercice du pouvoir ; or en 1900, nous rappelle Richard Kuisel [2], celle-ci est pétrie des idées libérales. Elle est acquise au dogme du laisser-faire et hostile à l'intervention publique.

Au sommet de la haute fonction publique, on trouve le prestigieux ministère des Finances, qui tire son influence

1. Cité par Richard Kuisel, *Le Capitalisme et l'État en France : modernisation et dirigisme au XXe siècle*, Gallimard, 1982.
2. *Ibid.*

sur les autres ministères de sa maîtrise du budget de l'État. Les grands commis de cette administration ont étudié à l'École libre des sciences politiques, fondée en 1871 et premier bastion de la pensée économique libérale en France [1]. C'est sur les bancs de cette école que les étudiants préparent les concours d'entrée aux plus prestigieux des grands corps de l'État, comme l'inspection générale des Finances. C'est là qu'enseignent les économistes libéraux de l'époque. Paul Leroy-Beaulieu, inlassable avocat de la liberté et de l'initiative individuelle, y enseigne, jusque dans les années 1890, les finances publiques. Comme son successeur, René Stourm, il apprend à des générations de futurs fonctionnaires du Trésor et du Budget les vertus d'un budget faible et équilibré, et les dangers de l'extravagance budgétaire. L'économie politique, qui vante les mérites du marché et du libre échange, est enseignée par Léon Say, ancien ministre des Finances et petit-fils de l'économiste Jean-Baptiste Say. Dans son cours, Léon Say affiche son hostilité à toute forme d'augmentation de la taxation – comme l'impôt sur les sociétés qui « bouleverserait le cours des affaires ». Puis, Clément Colson prend le relais. L'ancien ingénieur des Ponts et Chaussées avait occupé d'importantes fonctions à la direction des Chemins de fer du ministère de l'Équipement, alors l'un des seuls secteurs partiellement contrôlés par l'État. Il s'appuie sur cette expérience pour mettre en lumière les effets pervers de l'intervention publique. Pour Colson, celle-ci aboutit à

1. Voir Lucette Le Van Le Mesle, *Le Juste ou le Riche : l'enseignement de l'économie politique en France*, Comité pour l'histoire économique et financière de la France, 2004.

financer des intérêts privés avec l'argent du contribuable, à pousser les politiques au clientélisme, à transformer les producteurs en assistés sans initiative. Jacques Rueff, autre grand nom de la pensée libérale française, lui succédera dans les années 1930.

Ainsi formés, les hauts fonctionnaires français n'ont aucune volonté d'étendre les responsabilités économiques de l'État au-delà de quelques secteurs très nettement définis. Pour l'essentiel, le contour de ces activités n'a pas changé depuis l'Ancien Régime : la conservation des eaux et forêts, les tabacs, les manufactures d'art, les arsenaux. Au XIXe siècle, se sont ajoutés les postes, les canaux et surtout les chemins de fer. Dans ce dernier domaine, au départ complètement livré à l'initiative privée, l'État a dû s'engager de plus en plus profondément à partir de 1840, en traçant les lignes, en subventionnant le gros œuvre et l'exploitation, en refinançant les compagnies en faillite. La loi de 1842 sur les chemins de fer est elle même un modèle d'économie publique libérale : l'État construit les voies, tout comme sous l'Ancien Régime il construisait les routes. En revanche, il en délègue l'exploitation à des compagnies privées, sous forme de concessions. Soixante ans plus tard, et en dépit des abondantes subventions destinées à sauver les concessionnaires de la faillite, l'exploitation directe des voies de chemin de fer par l'État n'est toujours pas un réflexe conditionné : lorsque, en 1907, l'État racheta formellement les concessions des chemins de fer de l'Ouest, la Chambre des députés cria « au socialisme ». Au-delà de la propriété directe des moyens de production, les pouvoirs régulateurs de l'État sont également très limités, faisant de la France l'autre pays du capitalisme sauvage. Quelques activités agricoles reçoivent des subventions, mais au total, les dépenses d'ordre économique ne dépassent pas 9 % du budget total avant 1914. Comme sous l'Ancien Régime, l'État intervient donc ponctuellement, pour certains grands travaux à forte charge symbolique. Mais dans l'ensemble, le colbertisme se cantonne aux marges de la vie économique [1]. Sans renoncer à ses ambitions symboliques, l'État de 1900 n'a pas les moyens de faire mieux qu'un patriotisme économique *low cost.*

Par horreur du déficit, l'État français de 1900 renonce au premier des deux grands leviers de la politique macroéconomique : la politique budgétaire. Le second levier, la politique monétaire, est également hors d'atteinte. Pour commencer, la Banque de France est en grande partie indépendante, car même si l'État en nomme le gouverneur, elle demeure une institution privée. Les deux cents plus grands actionnaires – les deux cents familles – élisent ses régents, généralement parmi les membres influents de la finance parisienne. Ainsi, la doctrine de la Banque de France est celle d'une stricte orthodoxie monétaire ; son objectif est d'assurer la stabilité du franc, conformément aux intérêts de ses propriétaires [2]. De plus, quand bien même l'État est en mesure d'exercer une influence, les pouvoirs de la Banque de France en 1900 sont beaucoup plus limités qu'ils ne le deviendront après la Seconde Guerre mondiale. Ses moyens d'actions sur le coût et l'abondance

1. Voir Pierre Rosanvallon, *L'État en France : de 1789 à nos jours*, Seuil, 1990.

2. Cette situation n'est d'ailleurs pas spécifique à la France, mais au grands pays industrialisés. L'étalon-or est à l'époque un signe extérieur de modernité et de développement pour les pays qui l'adoptent.

du crédit sont limités, ce qui rend difficile toute politique monétaire active. Elle ne peut intervenir directement sur le marché de la dette d'État, et par là influencer directement les taux d'intérêts. Sur le marché des liquidités, elle n'est qu'un fournisseur parmi les autres. En pratique, les banques de dépôt évitent de lui emprunter : elle n'a donc pas vraiment les moyens d'influencer directement le volume de crédit à la disposition de l'économie.

Les institutions de la Belle Époque ne permettent donc pas la conduite d'une politique monétaire active, mais visent au contraire à garantir la stabilité des prix. Cette inertie politique prend racine dans un consensus fort de cette période : il s'agit avant tout d'assurer une stabilité de la rente, d'empêcher l'inflation de rogner les revenus de l'épargne. Sous le poids de l'immense épargne-retraite des Français, l'État de 1900 rejette la tentation de financer son déficit en prélevant une partie des revenus du capital, via l'inflation. Le traumatisme de l'hyperinflation qui avait suivi l'introduction des assignats sous la Révolution montre là ses effets durables dans les mentalités.

L'aversion envers la concurrence : un équilibre des forces politiques

Ainsi, la France, pays de petits propriétaires et d'épargnants, plébiscite au début du siècle les marchés financiers, une intervention très limitée de l'État dans la vie économique, et une politique monétaire prudente. Toutefois, notre pays n'a pas la « panoplie complète » de l'économie libérale, car il entretient, à l'époque, une relation ambiguë à la concurrence. Cette relation est illustrée par la réforme douanière de 1892, connue sous le nom de tarif Méline. Cette réforme consacre la victoire définitive du camp protectionniste sur le camp libre-échangiste, après trente ans de débats. Méline lui-même considérait que le devoir de l'État français était de protéger le statu quo d'une France mi-agricole mi-industrielle. Pour le parlementaire progressiste – c'est-à-dire de droite, selon la terminologie de l'époque –, on ne pouvait imiter l'industrialisation rapide de l'Allemagne et des États-Unis sans mettre en péril les équilibres socio-économiques, en particulier dans un pays rural comme le nôtre. Le protectionnisme, dans l'esprit de Méline, n'est donc pas seulement une attitude vis-à-vis de la concurrence internationale, mais plus généralement une philosophie du statu quo pastoral.

Ce paradoxe apparent d'un libéralisme sans concurrence n'est pas une construction idéologique complexe, mais simplement le miroir des rapports de force économiques de l'époque. Une nation de petits propriétaires terriens, de petits industriels et d'indépendants voit très naturellement la concurrence internationale d'un mauvais œil, car elle met leurs rentes en danger. De fait, jusqu'en 1914, les producteurs français avaient tendance à réclamer officiellement la protection douanière, et leur nombre faisait leur force politique. Les paysans par exemple constituaient un soutien irremplaçable des radicaux et pouvaient compter sur ce groupe politique pour les protéger contre des produits alimentaires trop bon marché.

Les intérêts des industriels, petits et grands, étaient représentés très efficacement par un petit nombre de groupes de pression qui pesaient lourd sur le débat politique. Comme le note Richard Kuisel, « tandis que les textes d'économie politique retentissaient de louanges du marché, les patrons se donnaient beaucoup de mal pour étouffer la concurrence ». L'Union métallurgique et minière (UIMM) avait pour objectif de « non seulement imposer ses vues, mais les faire respecter ». L'Association pour l'industrie française (AIF) luttait avec ferveur pour un protectionnisme renforcé. Non contents de faire barrage à la concurrence internationale, certains secteurs cherchaient également à limiter la concurrence sur le marché intérieur. C'était par exemple le cas de l'industrie de la filature du Nord et de l'Est, dont les producteurs fondèrent en 1899 le Comité français de la filature et du coton. Ce comité était en fait un cartel qui fixait le prix et la production totale du secteur, permettant aux entreprises de jouir de profits plus élevés, au détriment des consommateurs. Cette entente fonctionna au-delà de toute espérance, et « la concurrence disparut à peu près totalement ». Il est d'ailleurs probable que le manque d'exposition directe de ce secteur au consommateur final ait limité le mécontentement qu'une telle attitude aurait pu susciter dans le public.

Car cet équilibre économique marqué par le pouvoir des groupes d'intérêts n'allait pas sans tensions. L'opinion était bien consciente des coûts que les cartels faisaient peser sur les consommateurs, et les avait en horreur. La « haine des trusts », qui traduisait la peur de l'aliénation dans le salariat, reflétait également le fait que les cartels maintenaient des prix artificiellement élevés et enrichissaient les capitalistes aux dépens des salariés. Ceux-ci étaient conscients des bienfaits de la concurrence domestique et même internationale pour leur niveau de vie et l'appelaient même de leurs vœux. La politologue Suzanne Berger nous rappelle que socialistes et syndicalistes français rejetaient nettement le protectionnisme. Cette position devait une partie de sa force à l'internationalisme de la gauche, mais aussi au simple fait que la concurrence améliorait le pouvoir d'achat de l'ouvrier. La Fédération du textile de la CGT elle-même, s'interrogeant sur la protection de son industrie, estimait que le syndicalisme devait « rester neutre sur la question des tarifs [douaniers] [1] ». Le protectionnisme est vu pour ce qu'il est, une politique préservant les intérêts du patronat et des propriétaires en place.

De plus, le monde des affaires n'était pas non plus, dans son intégralité, opposé au libre-échange et à la concurrence. Si la réforme Méline des tarifs douaniers s'est traduite par un renforcement du protectionnisme en France, celui-ci n'a pas été aussi loin que ses défenseurs l'auraient voulu. En effet, nous rappelle Richard Kuisel, le camp libre-échangiste jouissait également d'un certain poids politique, reflétant les intérêts en jeu [2]. Historiquement, les premières campagnes en faveur du libre-échange ont été menées dans les années 1840 par les économistes Bastiat et Dunoyer ; elles ont abouti à l'adoption d'accords douaniers avec l'Angleterre en 1860, suivis d'autres accords avec les grands pays européens. En 1880, le camp libre-échangiste comptait quelques économistes et surtout les

1. Suzanne Berger, *Notre Première Mondialisation*, Seuil, « La République des idées », 2003.
2. Richard Kuisel, *op. cit.*

gagnants industriels du commerce international : grandes industries exportatrices, ports, chemins de fer, navigation, grand négoce, haute banque et grande agriculture exportatrice. Ces intérêts disposaient d'un porte-parole à l'Assemblée, et d'alliés dans tous les gouvernements jusqu'à la fin des années 1880. Si la position libre-échangiste s'est trouvée affaiblie par la crise du début des années 1890, elle n'a pas tout cédé lors de l'adoption des tarifs Méline. C'est l'équilibre des gagnants et des perdants qui détermine le degré de protection dont les différents secteurs de l'économie ont pu bénéficier. Les mines de charbon ont dû par exemple accepter des tarifs bas afin de permettre aux autres industries d'importer à bas prix le combustible nécessaire. En revanche, les produits finis, dont aucune industrie ne dépend, se sont trouvés bien mieux protégés par la réforme.

La France de 1900 apparaît donc divisée face à la concurrence, mais cette attitude ne doit rien à un trait culturel propre à notre pays. Elle résulte bien davantage de l'évolution conjoncturelle du rapport de force entre perdants et gagnants de la concurrence. Ceux qui gagnent – négociants, industriels exportateurs, salariés – s'opposent à ceux qui y perdent – paysans, petits industriels. Or à la fin du XIXe siècle, la concurrence internationale s'intensifie, et la crise semble s'installer dans notre pays. Certains petits propriétaires, jusqu'alors épargnés, et les salariés, qui voient leurs emplois menacés, viennent grossir les rangs de ceux qui préfèrent la protection à la précarité du marché. Ce mouvement reçoit l'appui d'un patronat puissant, et cette alliance improbable du capital et du travail obtient le retour au protectionnisme. Pour montrer combien cette attitude est circonstancielle et non structurelle, il suffit de considérer l'Angleterre victorienne qui consacre au milieu du XIXe siècle la victoire durable des positions libre-échangistes. Cette victoire est obtenue dans une contexte politique très favorable à la concurrence, car outre-Manche, l'industrialisation a été beaucoup plus rapide que chez nous, et l'exode rural bien plus massif tout au long du XIXe siècle. La paysannerie ne représentait plus une force importante. Parallèlement, les importations permettaient de faire baisser le prix du grain, et donc d'améliorer le pouvoir d'achat d'une classe ouvrière importante et parfois menaçante pour l'ordre établi. Finalement, les industriels anglais se trouvaient à la pointe de la concurrence internationale et ne pouvaient que soutenir tout accord leur permettant d'exporter plus facilement leurs produits à l'étranger. Comme le résume Pierre Rosanvallon, « Peel [le Premier ministre anglais qui fit campagne pour le libre-échange] et Guizot [le très protectionniste Premier ministre de Louis-Philippe] représentent deux types de conservatisme extrêmement proches. Mais les équilibres sociaux qu'ils avaient à gérer n'étaient pas de même nature [1] ».

Au total, le consensus politique de la France de 1900 est celui d'une protection farouche de la propriété privée, qu'elle soit foncière ou financière. La doctrine de la haute administration, mais aussi celle de l'ensemble de la classe politique à droite des socialistes, est celle d'un État minimal, qui limite ses interventions à quelques secteurs régaliens – les transports, le commerce international. Ce

1. Pierre Rosanvallon, *op. cit.*

consensus est révélateur de l'équilibre politique qui prévaut à l'époque. Les classes moyennes, qui investissent en Bourse pour leurs vieux jours, les retraités, qui forment une classe de rentiers, exigent des conditions monétaires stables. La paysannerie, les petits industriels, mais aussi la classe ouvrière lorsqu'elle se sent menacée, veulent être protégés de la concurrence. Le monde des affaires comme celui des petits propriétaires souhaitent une fiscalité aussi légère que possible et un État peu présent dans la vie économique.

Ce consensus ne changera pas vraiment jusqu'à la Seconde Guerre mondiale, même si des signes avant-coureurs se manifestent dès les années 1930. Pourtant, la Première Guerre mondiale a temporairement placé l'économie française sous la tutelle de l'État, donnant au pays l'occasion d'expérimenter le dirigisme. Pour leur fourniture en produits de base, les industriels ont été réunis en consortiums, dans le but de grouper les commandes et de faire pression sur les prix, mais aussi de permettre aux fonctionnaires de l'État de contrôler les approvisionnements. Ce besoin de centralisation s'est doublé d'une exigence de modernisation. Très rapidement, la guerre à mis à nu certaines déficiences de l'industrie française. Sous la direction d'Étienne Clémentel, le ministère du Commerce a donc entrepris de moderniser l'appareil productif français, en introduisant des nouvelles méthodes de management, et en encourageant l'investissement en équipements neufs. Mais, dans l'entourage du ministre, certains souhaitaient aller plus loin. Dès 1917, l'ambition affichée était de restructurer complètement le paysage économique français, par des fusions, des cartels et le tissage d'un « réseau corporatif général » qui serait guidé par un « Office de la production » nouvellement créé[1].

Les années de l'immédiat après-guerre sont celles d'un « retour à la normale ». Dans sa vision dirigiste et modernisatrice, Clémentel n'est pas suivi par le Parlement, qui souhaite plus que tout revenir au statu quo de la Belle Époque. L'Office de la production ne verra jamais le jour. Les structures héritées de l'économie de guerre, dont les consortiums, sont démantelées. Pourtant, les années de l'entre-deux-guerres, puis le deuxième conflit mondial modifieront profondément l'équilibre politique sur lequel reposait le consensus de la « société de propriétaires ». Éliminés par l'inflation des années 1920 et l'effondrement de la Bourse en 1929, les rentiers ne représenteront bientôt plus une force politique importante, d'autant que la grande dépression laminera la capacité d'épargne des classes moyennes. L'exode rural se poursuivra, faisant reculer la petite propriété paysanne. Dans le sillage de la seconde révolution industrielle, les grandes entreprises, mieux organisées pour la production de masse, domineront. La propriété industrielle se concentrera dans les mains de quelques grandes familles. En 1944, sur les décombres de la société de propriétaires, le dirigisme d'État s'impose.

1. Richard Kuisel, *op. cit.*

Chapitre 5

Le cadeau empoisonné des Trente Glorieuses

La résilience des principes de l'orthodoxie libérale au sortir de la Grande Guerre ne peut qu'étonner un esprit contemporain. Comment imaginer par exemple, alors même que l'intérêt stratégique du rail est plus que jamais avéré, que l'idée d'une nationalisation des sociétés de chemins de fer, démolies par les destructions et les dettes, soit tout simplement hors de question en 1918 ? La solution choisie par la coalition de partis de centre-droit menée au pouvoir en 1919 (le Bloc national) se réduira à un renflouement par l'État ; toute idée de nationalisation reste taboue. Il faudra attendre 1937 pour voir la SNCF créée, geste le plus spectaculaire du plan de nationalisations par ailleurs très modeste du Front populaire.

Car même si, timidement, l'État s'ingère dans la gestion de secteurs comme l'hydroélectricité, le tabac ou de certaines entreprises confisquées aux Allemands, la peur du dirigisme et du despotisme bureaucratique reste omniprésente aussi bien à droite qu'à gauche. Le « planisme » qui se développe dans certains cercles de jeunes économistes reste une curiosité théorique plus qu'une idéologie montante : l'idée est de généraliser à l'économie de tout un pays les principes fordistes d'organisation de la production. Cette volonté de centraliser l'économie en restera entre les deux guerres au niveau d'une intuition éthérée de théoriciens éloignés de la pratique.

Plus que le libéralisme, c'est l'anti-étatisme qui semble coller aux esprits de l'époque : comme nous l'avons rappelé plus haut, les hauts fonctionnaires sont formés au dogme libéral d'un Leroy-Beaulieu ou d'un Colson sur les bancs de la très orthodoxe École libre de sciences politiques. Ce refus de l'intervention publique chez les hauts fonctionnaires rend en retour la gauche très hostile à une étatisation qui reviendrait *de facto* à donner le pouvoir à des administrateurs d'obédience libérale. Blum et la majorité de la SFIO se méfient explicitement du planisme et de l'étatisation de l'économie car, pour eux, l'appareil d'État, c'est la haute fonction publique, autant dire ce que la bourgeoisie compte de plus conservateur. Les rares nationalisations réalisées par la gauche seront des nationalisations *soft* : les entreprises nationalisées doivent rester autonomes, cogérées par les salariés, les usagers et des représentants de l'État. Ainsi, les industries aéronautiques, nationalisées pour des raisons stratégiques, restent largement pilotées par les anciens patrons et à l'abri de toute fonctionnarisation.

Cet anti-dirigisme passionné de la France d'avant guerre est un trait de caractère désormais refoulé de nos mémoires et de nos manuels d'histoire. Par exemple, on présente souvent notre champion national EDF comme un bon symbole de ce prétendu « colbertisme » congénital qui nous viendrait de la nuit des temps et dont certains voudraient faire un des traits « intouchables » de notre génie national. Il s'agit pourtant d'un héritage fort récent et donc d'un contre-exemple : combien de Français ne seraient pas surpris d'apprendre que les producteurs d'électricité en 1940 étaient près d'un millier[1] ?

Dans le capitalisme français de l'entre-deux-guerres, alors même qu'il est de plus en plus souvent conduit à s'improviser infirmier des entreprises en difficulté, l'État évite à tout prix d'expliciter formellement son rôle dans l'économie. Les opérations de sauvetage sont menées au coup par coup. La faible concurrence qui règne au sein de cette économie perfusée, oligarchique, protectionniste et réticente à l'investissement, n'en fait pas un modèle d'économie libérale. Libéral, c'est pourtant ainsi que la France perçoit son propre système économique à la veille de la Seconde Guerre mondiale. Et c'est à ce système qu'elle imputera son déclin et sa défaite.

1940, la fin du consensus libéral

En 1945, le credo libéral anti-dirigiste est plus qu'ébréché dans l'opinion et les cercles politiques de tous horizons. Pourquoi ce basculement ? La défaite de 1940 est très largement interprétée comme celle d'un système politico-économique.

Dès 1940, les discours du maréchal Pétain dénoncent ce qu'on pourrait appeler le libéralisme des ententes comme

1. John Carreyrou, « At French Utility, Union Wages War to Guard Perks », *Wall Street Journal*, 10 mai 2005.

responsable de la faillite morale et matérielle de la Nation. Selon lui la disparition de la concurrence au profit de grands trusts monopolistiques n'est pas un accident, mais un vice inhérent au régime libéral qui repose sur l'individualisme : « La libre concurrence était à la fois le ressort et le régulateur du régime libéral ; le jour où des coalitions et des trusts brisèrent ce mécanisme essentiel, la production et les prix furent livrés sans défense à l'esprit de lucre et de spéculation. » La « faillite universelle de l'économie libérale » appelle une « économie nouvelle », « organisée et contrôlée » par l'État. « La coordination par l'État des activités privées doit briser la puissance des trusts et leur pouvoir de corruption [1]. » Le maréchal Pétain, comme son administration, croient dans une régulation autonome des entreprises regroupées par secteur, sous la houlette ferme mais distante de la puissance publique. En matière de politique industrielle, Vichy se veut corporatiste.

Si dans la Résistance les positions sur le rôle économique de l'État sont plus diverses, l'attribution du déclin de la France aux grands trusts et au libéralisme est unanime : nul ne doute qu'un changement radical soit nécessaire. La position prise par de Gaulle depuis Londres contre l'économie libérale n'est guère différente de celle de Pétain : désaveu du libéralisme non concurrentiel, nécessité d'inverser « la logique des intérêts particuliers qui ont trahi la nation ». Toutefois, son discours de Lille du 1er octobre 1944 rompt avec la voie d'inspiration corporatiste choisie par Vichy : c'est à l'État, non aux corps de métier,

1. Philippe Pétain, *Actes et écrits*, discours du 10 octobre 1940.

d'orchestrer directement la reconstruction de l'économie. En fait, en choisissant clairement le dirigisme économique d'État, de Gaulle fait même tomber un tabou : « [...] Nous voulons donc la mise en valeur en commun de tout ce que nous possédons sur cette terre et, pour y réussir, il n'y a pas d'autre moyen que ce que l'on appelle l'économie dirigée. [...] Au point où nous en sommes, il n'est plus possible d'admettre ces concentrations d'intérêt qu'on appelle dans l'univers les trusts [...], [il faut] que la collectivité, c'est-à-dire l'État, prenne la direction des grandes sources de la richesse commune et qu'il contrôle certaines des autres activités [...][1]. »

De fait, le programme d'action du Conseil national de la Résistance prévoyait dès le 15 mars 1944 le périmètre des nationalisations à venir : elles devaient assurer « le retour à la Nation des grands moyens de production monopolisés, fruits du travail commun, des sources d'énergie, des richesses du sous-sol, des compagnies d'assurances et des grandes banques ». D'ailleurs, les sondages réalisés entre novembre 1944 et juin 1945 par l'Institut français d'opinion publique montrent un très large soutien populaire (plus de deux tiers des interrogés) aux projets de nationalisations. Seuls les paysans et les milieux d'affaires montrent une certaine hostilité[2].

On peut être surpris que la recherche d'une alternative au libéralisme soit si largement perçue comme une nécessité, alors même que l'absence de concurrence (l'émergence

1. Cité par André Gueslin, *L'État, l'économie et la société française*, Hachette, 1992, p. 47.
2. Cité par Richard Kuisel, *op. cit.*

des grands trusts, les ententes excessives et le protectionnisme) est – à juste titre – identifiée comme la plaie du système. Ne serait-il pas plus naturel d'imposer, par la régulation, la concurrence, en démembrant les cartels, responsables du manque d'investissement et des prix trop élevés ? Le libéralisme n'est pas condamné à dégénérer en capitalisme de rentier, pour peu qu'on le dote des institutions « anti-trust » qui s'imposent. Pourquoi l'opinion a-t-elle basculé si facilement au lieu de mettre en avant l'idée de compétition ?

Une première piste de réponse tient dans l'absence d'une culture anti-trust en France : aux États-Unis, le Sherman Antitrust Act de 1890 et le Clayton Antitrust Act de 1914 fournissent la base ancienne d'une doctrine et d'un arsenal jurisprudentiel limitant les concentrations et les comportements anti-compétitifs. En France, la loi s'est au contraire toujours accommodée des ententes, perçues comme un moyen de limiter les turbulences des prix, les crises de surproduction et de favoriser les économies d'échelle. Le cartel, c'est la stabilité, voire l'efficacité productive et même la modernité, pensent certains économistes et hauts fonctionnaires au début du siècle. Toutefois, le mouvement inverse existe, comme nous l'avons vu plus haut : le radicalisme de 1900 rejette les trusts car ils asservissent les travailleurs et spolient les consommateurs. Pourtant, en dépit de cette conscience politique, rien n'est fait pour empêcher l'émergence de monopoles. La jurisprudence démontre sans ambiguïté une très grande mansuétude à l'égard des cartels[1].

1. En 1952, le décret Laniel inscrira même dans la loi la notion d'entente positive : la loi protège les « bons cartels », c'est-à-dire ceux qui peuvent justifier leur rôle dans une amélioration du processus de

En ce qui concerne les nationalisations, on pourrait également être tenté par une lecture purement idéologique des formes que prend la « trustophobie » d'après guerre : prestige nouveau des communistes impliqués dans la Résistance, rejet des « deux cents familles » et des profiteurs de guerre. Les organisations patronales n'ont guère brillé par leur comportement pendant la guerre, créant dans l'immédiat après-guerre une forte demande de « redistribution des cartes ».

Le dirigisme est efficace en période de reconstruction

Il existe cependant une explication bien plus immédiate à la vigueur du réflexe dirigiste d'après guerre. Au-delà du rejet moral et idéologique du marché, le projet gaullien d'une économie planifiée est au fond plein de bon sens au vu des circonstances. Même pour un économiste très libéral, « au point où nous en sommes » en 1945, nationaliser et centraliser l'économie est la réponse optimale à des circonstances extrêmes.

Car le pays revient de loin. C'est une France économiquement épuisée et littéralement affamée que libèrent les Alliés. La production ne représente que le tiers de son niveau de 1938, les habitants de Paris doivent se contenter d'une ration alimentaire inférieure à la moitié du niveau sanitaire recommandé. Enfin, 600 000 hommes et femmes

production ou une contribution de l'entente au progrès économique par la rationalisation ou la spécialisation.

ont été emportés par la guerre et deux millions doivent encore revenir des camps et des usines allemands. L'outil de production est cruellement obsolète : un audit d'après guerre révèle que les machines-outils sont en France trois fois plus vieilles et deux fois moins nombreuses qu'en Angleterre, bilan que rapporte un Jean Monnet effaré dans ses mémoires[1]. Dans ce contexte, l'état d'urgence d'une économie de guerre doit continuer à s'appliquer. Confier la reconstruction à une économie de marché serait s'exposer à des tâtonnements, des redondances dans les efforts, à des problèmes de coordination que la gravité de la situation ne permet pas.

Lorsqu'il s'agit de reconstruire, d'importer et de mettre en œuvre des technologies déjà existantes, il n'y a pas d'incertitude sur la marche à suivre, le point d'arrivée est connu. Les investissements à accomplir et leur importance relative sont visibles et consensuels, et pour les effectuer au plus vite et sans redondances, un système centralisé imposant une mobilisation générale et distribuant rapidement les tâches aux divers acteurs est plus efficace que le bouillonnement expérimentateur du marché. Centraliser revient alors effectivement à « rationaliser » en donnant à un État pilote coordinateur les « leviers de commande » nécessaires.

L'idée de coordination est d'ailleurs au cœur du processus de planification qui sera inventé par Monnet. Selon lui, diriger l'économie, c'est moins ordonner que coordonner les anticipations des agents économiques sur un scénario de croissance forte pour éviter la trappe d'une stagnation de l'investissement : « la modernisation n'est pas un état de choses,

1. Jean Monnet, *Mémoires*, Fayard, 1998.

c'est un état d'esprit[1] ». Certains observateurs extérieurs parlent d'une « mystique du plan » à propos de ce rôle de coordination qui est très explicite dans les rapports internes du commissariat au Plan[2]. Le plan n'est pas « une prévision passive du cours des événements : c'est un ensemble d'objectifs qui à la fois nous commande et nous captive ». En réalité, on retrouve là un thème central de l'économie néo-keynésienne des années 1980 : les équilibres multiples. L'idée est la suivante : si tous les agents de l'économie s'attendent à une stagnation, ils n'investiront pas et la stagnation « s'auto-réalisera ». Si on contraire, on parvient à les convaincre que l'économie est en régime de croissance forte, les anticipations plus optimistes brisent la mauvaise prophétie et « auto-réalisent » cette fois le bon scénario[3]. La philosophie du plan selon Monnet est donc de catalyser l'émergence d'un équilibre expansionniste en coordonnant les décideurs sur un régime d'investissement fort. Afin de donner davantage de visibilité aux entrepreneurs et aux financiers du pays, de nouvelles institutions d'observation de l'économie (l'INSEE et le SEF, future Direction de la prévision) sont créées[4].

1. *Ibid.*, p. 306

2. Vera Lutz, *French Planning*, American Enterprise Institute, 1965.

3. Si les intuitions de ces mécanismes remontent au moins à Keynes, il faudra attendre les années 1980 pour qu'elles fassent leur chemin dans le *mainstream* économique. Par exemple, l'économiste nippon Nobuhiro Kiyotaki a montré que, pour que les prophéties puissent être auto-réalisatrices, il fallait que la productivité soit d'autant plus grande que l'investissement est important. Cette description de l'économie, dite « des rendements croissants » se situe à l'opposé des hypothèses traditionnelles de l'économie néoclassique.

4. Voir Pierre Rosanvallon, *op. cit.*

Parallèlement au Plan, un outil nécessaire à la coordination de l'effort de reconstruction est la centralisation au niveau de l'État de la collecte et de la répartition de l'épargne des Français. Celle-ci doit être en adéquation avec la politique d'investissement définie par le Plan. En 1945, la grande majorité du secteur financier passe ainsi sous la coupe de l'État. C'est dans les ministères, et en particulier à la direction du Trésor, que se décide, après guerre, l'allocation du capital. Dans le secteur financier plus que dans tout autre, le marché est délibérément mis à l'écart, selon des modalités sur lesquelles nous reviendrons au chapitre suivant.

En plus de la coordination, des gains de productivité – des économies d'échelle diraient les économistes – semblent pouvoir être réalisés en concentrant certains secteurs éclatés comme la production d'électricité : moderniser, c'est ici rationaliser le mode de production, et nationaliser est le moyen de s'assurer que les monopoles créés par la concentration n'engraissent pas les classes capitalistes. C'est ce que traduit l'article 9 du préambule à la Constitution de 1946 : « Tout bien, toute entreprise, dont l'exploitation a ou acquiert les caractères d'un service public national ou d'un monopole de fait, doit devenir la propriété de la collectivité. »

Un dernier argument, plus subtil, en défaveur d'un système libéral-concurrentiel en période de rattrapage est formalisé par l'historien Alexander Gerschenkron dans les années 1960 : lorsqu'une économie démarre de très bas, de sorte que des investissements lourds sont requis, introduire trop de compétition peut être nocif, car celle-ci diminue les rendements financiers que l'investisseur peut escompter et donc les incitations à les réaliser[1]. Mieux vaut alors préserver et encadrer une situation de monopole dans certains secteurs clés. C'est exactement la voie choisie par le dirigisme gaullien avec la nationalisation des banques (décembre 1945), de l'électricité et du gaz (mars 1946), des assurances et des mines (avril 1946). Ces nouveaux « champions nationaux » seront incités à investir massivement, puisqu'un quasi-monopole leur assure un bon retour sur investissement.

Comme l'a remarqué l'économiste Raghuram Rajan, professeur à l'université de Chicago et directeur de la recherche économique au Fonds monétaire international, une intuition analogue à celle de Gerschenkron s'applique avec une grande pertinence au système bancaire et suggère que limiter la compétition entre institutions financières dans des périodes de rattrapage est une bonne chose[2]. En effet, si les banques sont en situation de quasi-monopole, les entrepreneurs peuvent facilement s'engager à ne pas changer de banquier (ils n'ont pas vraiment le choix...) et donc à accepter des taux élevés dans le long terme en échange d'un traitement favorable lorsque leur entreprise est encore fragile. Il est donc – paradoxalement – plus facile de financer de nouveaux projets que dans le cadre d'un système bancaire très compétitif : une banque en situation de compétition féroce s'attendrait à ce que l'entreprise, sa viabilité une fois acquise, fasse jouer la concurrence et exige des taux bas, ce qui limite la possibilité

1. Alexander Gerschenkron, *Economic Backwardness in Historical Perspective*, Harvard University Press, 1962.

2. Mitchell Petersen et Raghuram Rajan, « The Effect of Credit Market Competition on Lending Relationships », *Quarterly Journal of Economics*, 1995.

d'effectuer des investissements lourds au début de la vie de l'entreprise, c'est-à-dire précisément quand ils sont le plus nécessaires.

C'est ainsi de manière économiquement très pertinente que l'urgence d'une modernisation rapide et intensive des équipements motive les grandes nationalisations de l'après-guerre. La logique est la suivante : pour obtenir les investissements massifs qui s'imposent, il est nécessaire de coordonner les efforts et de préserver des rentes de monopole assurant leur rentabilité. Nationaliser assure la récupération par le citoyen de ces rentes de monopoles et évite les dérives oligarchiques. L'historien Richard Kuisel retrace cette « transformation profonde des rapports entre le capitalisme et l'État [...] entre la fin des années trente et cinquante. La France est passée d'une économie libérale et d'un type d'économie dominé par la prudence, à un ordre dirigé et dynamique. Cet ordre économique mixte où l'État fonctionne dans le but de promouvoir la modernisation plutôt que de maintenir le statu quo date de la Seconde Guerre mondiale [1] ». L'histoire comme l'analyse économique le confirment : dans la situation qui est celle de la France en 1945, le dirigisme est le régime économique le plus efficace.

Le « néo-libéralisme » et les subtilités de l'économie concertée

Si le basculement vers l'économie dirigée en 1945 constitue une rupture idéologique nette avec un dogme

1. Richard Kuisel, *op. cit.*

libéral qui n'avait jusque-là pas été sérieusement remis en cause, il faut cependant être conscient que le dirigisme français qui se dessine à l'époque est d'emblée très éloigné d'une planification soviétique. Le soutien populaire aux nationalisations doit beaucoup plus à l'ambiance post-insurrectionnelle de ré-appropriation par la nation de son outil productif qu'à une réflexion sur leur nécessité économique. Cependant, la volonté d'organiser de manière efficace l'économie est au cœur des préoccupations des dirigeants de l'époque et, à leur niveau, la méfiance à l'égard de l'intervention directe de l'État demeure. L'indépendance relative des nouveaux établissements publics, aussi bien que le processus de planification mis au point par Jean Monnet reflètent une volonté farouche d'éviter la « fonctionnarisation de l'économie ».

Dans l'esprit des gouvernants, nationalisation n'est pas bureaucratisation. La volonté d'assurer la continuité du management des nouvelles entreprises publiques répond à des inquiétudes concordantes parmi des groupes très éloignés de la Résistance. Les « néo-libéraux » tels Étienne Hirsch ou Jean Monnet, tous deux issus de l'entreprise privée, sont favorables au dirigisme mais convaincus que mettre des fonctionnaires dans des positions de direction pose tout simplement un problème de compétence. Enfin, pour les syndicats, la CGT en particulier, marqués par une tradition anarchisante, les hauts fonctionnaires incarnent une force conservatrice, au fond garante de l'ordre bourgeois. Les corps du Trésor et de l'inspection des Finances sont perçus comme les suppôts de l'orthodoxie financière et du grand capital, et jugés coupables du manque d'investissement d'avant guerre. L'anti-étatisme conjoint des syndicats et du monde des affaires marque la formule de gestion adoptée pour les nouveaux établissements publics. Celle-ci est censée préserver leur vocation commerciale, une certaine autonomie financière et limiter le rôle opérationnel des ministères. À leur tête, un conseil d'administration tripartite combinant des représentants de l'État, des salariés et des usagers. Les représentants de l'État sont donc largement en minorité, au point que de Gaulle s'en inquiète. Les grandes nationalisations d'après guerre ne sonnent donc pas l'entrée dans une ère du fonctionnariat des grandes entreprises ; elles sont vécues comme le triomphe de la figure de l'ingénieur – en particulier issu des grands corps techniques de l'État, comme les Mines ou les Ponts – sur celle des fils de famille. Les cadres techniques se voient confier la mission de moderniser et de lancer le navire France sur un régime d'expansion ambitieux[1].

Troisième outil de l'économie dirigée, avec la centralisation de la finance et les nationalisations, la planification est une idée qui a longuement fait son chemin dans les milieux d'économistes dans l'entre-deux-guerres. Il s'agit au fond d'appliquer à l'économie agrégée les principes d'organisation moderne de la production qui sont utilisés au niveau de l'entreprise. Cette idée peine à percer en France dans les années 1930 puisqu'elle se heurte à la défiance des milieux d'affaires, des hauts fonctionnaires, mais aussi des syndicats pour le dirigisme d'État (elle est par exemple plus populaire en Grande-Bretagne).

1. Sur la victoire du corps des Ponts et Chaussées dans le rail et l'électricité, voir Cecil Smith, « The Longest Run : Public Engineers and Planning in France », *American Historical Review,* 1990.

L'intuition de Jean Monnet a été de trouver à cette idée théorique un chemin de mise en œuvre concrète. Pour celui-ci, c'est l'extrême obsolescence des équipements qui requiert une centralisation des décisions d'investissements. Un de ses slogans est « Modernisation ou décadence » : il est nécessaire d'accélérer le rattrapage pour mettre le pays en position de concurrencer les grandes économies développées. De plus, les Américains demandent à être convaincus de la volonté de modernisation pour prêter à la France : le Plan est un élément clé de ce travail de persuasion, qui va débloquer les fonds du plan Marshall.

Esprit à la fois original et pragmatique, chef d'entreprise devenu entrepreneur politique, Jean Monnet a acquis ses compétences économiques en coordonnant l'effort de production des Alliés pendant la Première Guerre mondiale, puis la Seconde. Son expérience, ses contacts dans le monde anglo-américain, son goût pour une carrière en dehors des chemins tracés de la fonction publique l'autorisent à prendre le risque de la provocation. François Bloch-Lainé rapporte ainsi que Jean Monnet n'hésitait pas à déplorer publiquement que le général de Gaulle se prît pour Jeanne d'Arc. La recette du futur père de l'Europe est au fond toujours la même : dans des situations de conflit d'intérêts, réunir sans idée préconçue les acteurs décisifs, leur faire formuler une solution en commun plutôt que de la leur imposer ; on peut alors s'attendre à ce qu'ils tiennent parole. Il s'agit en bref d'un art d'organiser la négociation : faire émerger la coopération du conflit en faisant prendre conscience du coût des antagonismes et de la possibilité d'une solution « gagnant-gagnant ». Ce type de transsubstantiation paradoxale fonctionne bien dans les situations urgentes, où les différentes parties perdent beaucoup à ne pas trouver rapidement un accord.

Le commissariat au Plan sera conçu comme un organe explicitement anti-étatiste et même anti-dirigiste. Il ne s'agit pas de décréter des solutions de modernisation « clés en main », produites par l'administration, puis mises en œuvre par des industriels soumis. Bien au contraire, des commissions de modernisation regroupant les acteurs de chaque industrie (patrons, associations professionnelles, syndicalistes, experts) sont créées pour formuler des objectifs. Monnet est en effet convaincu que c'est aux hommes d'industrie qu'il faut donner un rôle central dans les décisions d'investissement, pas aux fonctionnaires : « J'ai beaucoup d'estime pour l'administration française, mais il est évident qu'elle n'est pas faite [...] pour changer le visage du pays. Son rôle est au contraire de maintenir l'état des choses qu'on lui confie. Les hauts fonctionnaires qui la dominent ont toutes les qualités sauf l'esprit d'entreprise. Pour transformer la France, il faudrait d'abord transformer les grands corps de l'État [...]. Je n'ai pas l'intention de confier les commissions de modernisation à des fonctionnaires[1]. »

De fait, les fonctionnaires du Plan ne servent qu'à encadrer et faire la synthèse des discussions. D'ailleurs, Jean Monnet donne initialement à l'institution une structure légère (quelques dizaines de permanents, petite équipe de fidèles), indépendante des ministères et reportant directement au président du Conseil. Le danger d'une bureaucratisation de l'institution, mais aussi d'une dérive autoritaire,

1. Jean Monnet, *op. cit.*, p. 289-290.

est ainsi évité, car le Plan est de nature indicative plutôt que coercitive. La méthode fonctionne car ce sont les acteurs qui sont le mieux à même de formuler les problèmes propres à leur secteur, mais aussi parce qu'ils se sentent responsables d'atteindre des objectifs qu'ils ont eux-mêmes fixés. C'est d'ailleurs cette spécificité du Plan à la française qui a retenu, à l'époque, l'attention des observateurs étrangers[1].

L'héritage ambigu des Trente Glorieuses

On pourrait se féliciter de la modération qui a présidé à la reconstruction dirigée en France : les fantasmes de collectivisation et l'excès bureaucratique ont été évités avec pragmatisme et ingéniosité, les grandes entreprises ne se sont pas vues colonisées par des fonctionnaires incompétents, leur fonctionnement « normal » a été préservé. Au fond, une certaine méfiance congénitale vis-à-vis de l'État

1. Sur « l'empirisme organisateur » qui caractérise la démarche, voir par exemple la description de S. Wickham, « French Planning : Retrospect and Prospect », *Review of Economics and Statistics,* 1963. Il convient toutefois de rappeler que cette conception non autoritaire du Plan, Monnet ne la crée pas de toutes pièces : elle a été développée progressivement pendant la guerre par ses collaborateurs « néo-libéraux », tel le fidèle Étienne Hirsch, qui déclare dès 1942 dans une lettre à Hervé Alphand : « Le but à atteindre est très différent de celui proposé par les États autoritaires [...] Il ne peut donc pas s'agir de réaliser une économie dirigée ou planifiée à proprement parler, mais de créer l'ambiance générale, le climat, les pentes qui inclineront l'économie dans les directions estimées désirables. »

a aidé à éviter ces inefficacités. Avec un taux de croissance de 5 % en moyenne sur 1945-1960, il est difficile de ne pas saluer les performances de ce régime d'économie mixte inventé après guerre. La centralisation à la française semble avoir été une réponse parfaitement adaptée et au fond assez modérée au contexte de rattrapage accéléré de 1945.

Pourtant l'origine d'une grande partie de nos névroses nationales vis-à-vis de l'économie de marché trouve ses racines dans cette période, ses ambiguïtés et paradoxalement son succès : le tissu productif a été reconstruit, mais les échafaudages de l'économie planifiée n'ont pas pu être démontés car des intérêts, des carrières ou tout simplement des croyances sont venus s'y loger.

Dans l'esprit des néo-libéraux entourant Monnet, le dirigisme économique était appelé à s'effacer progressivement, une fois le pays revenu « à la frontière », c'est-à-dire en mesure de faire concurrence aux autres grandes économies – surtout les États-Unis – sur des produits innovants. Lorsque Monnet se retire du Plan pour se consacrer pleinement à son dessein européen, c'est ce scénario d'un retour à un équilibre libéral où l'État restreindrait progressivement son périmètre d'intervention qu'il a probablement en tête. Comme l'écrit Jean Bouvier, « le Plan est libéral à moyen et long terme et interventionniste seulement à court terme. La logique d'un dépassement futur des disciplines planificatrices est inscrite dans les premières démarches du Plan [1] ». Cette vision du Plan « biodégradable » est un scénario efficace, car, si une certaine centralisation est souhaitable en période de

1. François Bloch-Lainé et Jean Bouvier, *La France restaurée*, Fayard, 1986.

rattrapage, une fois l'économie ramenée à la frontière, un planificateur central ne peut se substituer au bouillonnement expérimentateur du marché, nécessaire pour entretenir un niveau élevé d'innovation. Lorsque l'avenir est incertain, lorsqu'il n'y a pas consensus sur la marche à suivre, choisir les directions technologiques à explorer, les montants à investir dans différents secteurs ne se décide pas forcément de la manière la plus appropriée dans un ministère...

Or ce scénario d'une « décentralisation » de l'économie n'est pas du tout celui qui s'est produit, loin s'en faut. Ceci n'est pas une surprise lorsqu'on réfléchit à la dynamique des institutions sous l'éclairage des travaux contemporains en économie politique. Les économistes Daron Acemoglu, Philippe Aghion et Fabrizio Zilibotti expliquent pourquoi des politiques anti-concurrentielles qui dopent la croissance à court terme peuvent se révéler néfastes à long terme car un retour à la normale (à l'économie concurrentielle) est impossible[1]. L'économie reste alors bloquée dans un régime qui était optimal pour rattraper son retard mais n'est pas adapté une fois le retard comblé. La raison du blocage est que les freins à la concurrence créent des rentes de monopoles, des intérêts particuliers qui s'opposent au changement et sont prêts à payer pour maintenir le statu quo. Autrement dit, les institutions économiques, même lorsqu'on les veut provisoires, s'avèrent extrêmement résistantes : les acteurs de l'économie s'organisent pour en tirer parti et en deviennent alors les défenseurs acharnés.

1. Daron Acemoglu, Philippe Aghion et Fabrizio Zilibotti, « Distance to the Frontier, Selection and Economic Growth », *Journal of the European Economic Association*, décembre 2004.

Avant les économistes, ce type de comportement avait été « découvert » dans les années 1960 par les sociologues des organisations, qui se demandaient alors pourquoi certaines grandes entreprises, en dépit de leur taille et de leur organisation scientifique du travail, peinaient à être compétitives, surtout dans les secteurs très innovants. Dans les grandes organisations étudiées par Michel Crozier ou par Charles Perrow, les règles bureaucratiques créaient des rentes importantes pour certaines catégories de personnels, pour lesquels le statu quo devenait un « bon » combat [1]. Incapables de s'adapter, minées par les luttes intestines et le conservatisme de leurs employés, les grandes organisations ont fini par révéler leur faiblesse, avant d'être balayées par la « seconde rupture industrielle » des années 1970-1980 étudiée par Michael Piore et Charles Sabel [2].

On pourrait penser que le dirigisme français, confié à des fonctionnaires soucieux avant tout du bien commun, fondé sur la nationalisation des profits des grands monopoles, aurait immunisé la France contre un immobilisme de ce type, propre aux sociétés privées. Pourtant, ce sont les hauts fonctionnaires, membres des grands corps d'État, qui en toute bonne foi ont calibré leur carrière pour tirer parti du système et vont s'opposer à sa réforme. Monnet était conscient de ce biais inévitable vers la défense du statu quo et avait cherché à construire le commissariat au Plan à l'abri des pouvoirs ministériels. Mais les digues qui pouvaient fonctionner à court terme n'auront pas suffi à prévenir une dérive de long terme vers sa fonctionnarisation.

1. Voir par exemple Michel Crozier, *Phénomène bureaucratique*, Seuil, 1965.

2. Michael Piore et Charles Sabel, *The Second Industrial Divide*, New York, Basic Books, 1984.

Car cette économie mixte qui devient le nouveau paradigme en France est plus fortement contrôlée par la figure du fonctionnaire dans les années 1960 qu'elle ne l'était dans l'immédiat après-guerre. Très rapidement, le Plan se verra capturé par la haute fonction publique. Comme le résume Stephen Cohen, « lorsque le plan a été créé, les hauts fonctionnaires étaient son pire ennemi » ; ils deviennent dans les années 1950 son principal soutien. Mais ceci signifie aussi que « les hauts fonctionnaires et leurs valeurs ont fini par dominer le Plan. Il est devenu leur instrument[1] ».

Au cours des années 1950-1960, ce mouvement de fonctionnarisation de la politique industrielle s'étend bien au-delà de la capture du Plan.

Du côté des entreprises nationalisées, le système de gouvernance tripartite (usagers, travailleurs, représentants de l'État) quelque peu théorique s'avère très vite source de déséquilibres ingérables. Les représentants des usagers sont nommés par les ministères au gré des affiliations politiques, conduisant à des situations de blocage politisé comme la grande grève des Charbonnages de France en 1948. Petit à petit, l'autorité effective du conseil d'administration sur les décisions stratégiques s'est vu transférée au management en place, tandis que les décisions de nature plus politique (telles la fixation des prix, la politique salariale) se font directement dans les ministères. Les nominations des patrons des entreprises nationalisées se politisent progressivement et deviennent un des enjeux majeurs de politique

1. Stephen Cohen, *Modern Capitalist Planning : The French Model*, Harvard University Press, 1969.

interne des grands corps de l'État, souvent au-delà même du périmètre des entreprises nationalisées. Ce n'est pas un scoop : la France est aujourd'hui encore un pays où les grands patrons sont rarement issus de la promotion interne et souvent d'anciens hauts fonctionnaires. Nous reviendrons sur ce point.

Le secteur financier, malgré un mouvement de « débudgétisation » dans les années 1950, reste tout particulièrement dominé par les fonctionnaires du Trésor et les inspecteurs des Finances. La Caisse des dépôts, qui gère une très large fraction de l'épargne nationale, monte en puissance. Cette banque d'affaires d'État sera durablement l'apanage des inspecteurs des Finances. À sa tête dans les années 1950, Francois Bloch-Lainé, archétype du nouveau haut fonctionnaire soldat de l'expansionnisme, icône d'une nouvelle génération de technocrates. Les carrières dans les grandes banques françaises se sont vite vu trustées par les grands corps. Les transitions de la fonction publique vers le secteur privé deviennent la norme, véritable inversion des désirs d'un Jean Monnet qui souhaitait au contraire voir l'État s'enrichir d'hommes dotés d'une expérience de l'industrie privée. C'est au fond la rançon du succès de l'ENA, qui a réussi à attirer les meilleurs talents et à produire des experts techniques convoités par le privé et avides de projets ambitieux. Les problèmes induits par le pantouflage sont bien connus : même dans un contexte de forte exigence morale, les négociations entre gens du même monde, entre aînés et cadets d'un même corps de part et d'autre de la ligne de démarcation de l'État, ne sont guère propices à la remise en cause des règles établies. L'issue n'est certes pas une corruption généralisée, mais probablement un certain immobilisme, ne serait-ce que parce que la nécessité d'avoir fait ses armes dans l'appareil d'État constitue une importante barrière à l'entrée.

On voit donc s'opérer à retardement une fonctionnarisation de l'économie : parce qu'ils gèrent leurs carrières pour en tirer parti, les hauts fonctionnaires deviennent en France une source de rigidité et de pérennité du système.

Deuxième effet à retardement des réformes de 1945 : la relative souplesse de cadre qui a entouré les nationalisations a rapidement présenté l'inconvénient de ses avantages. L'objectif assigné aux dirigeants de ces entreprises est flou, combinant des objectifs de performance financière, d'emploi et de défense des intérêts de l'État actionnaire. On voit alors des équipes managériales, renouvelées suivant des critères et des procédures non explicites (parfois au gré des alternances politiques), diriger avec un objectif de performance ambigu qui leur laisse le soin de décider de l'importance relative de la profitabilité, des emplois et d'avantages sociaux créés. Comme le décrit Bloch-Lainé lui-même, ce type de situation est porteur d'inefficacités : « Rien n'est pire que l'attribution imprécise des responsabilités, qui peut aller jusqu'à leur absence lorsqu'elle résulte de la confusion des leviers de commande. Qu'une autorité ne subisse pas les conséquences de ses actes parce qu'elle peut les attribuer à une autre, rien n'est plus coûteux en terme de compatibilité économique [1]. »

Il ne s'agit donc pas ici de dénoncer une corruption ou une incompétence des élites, mais simplement de constater

1. François Bloch-Lainé et Jean Bouvier, *op. cit.*

qu'en l'absence de pression financière directe et d'un système d'évaluation de performance bien défini, les entreprises publiques se restructurent plus lentement, réagissent avec retard aux adaptations nécessaires, à rebours de la logique de modernisation qui présidait aux nationalisations.

Troisième effet pervers des institutions mises en place dans l'après-guerre : une culture du consensus qui passe sous silence les conflits d'intérêts. La culture du consensus et l'exaltation de la coopération spontanée plutôt que du conflit qui sont au cœur de la « méthode Monnet » sont très caractéristiques de l'esprit de la reconstruction d'après guerre. Les conflits d'intérêts sont faciles à dépasser lorsque le « gâteau » est plus que suffisant pour rassasier chacun, c'est-à-dire en période de forte croissance. Lorsque l'économie ralentit, tous les conflits d'intérêts qui étaient noyés par la croissance deviennent soudain des problèmes aigus. Prenons un exemple simple, celui des sociétés d'économie mixte, détenues à la fois par l'État et des agents privés. En période de plein emploi, l'objectif financier de ces grandes entreprises coïncide avec celui de l'État actionnaire, il n'y a pas de conflit majeur. En période de chômage, l'État actionnaire aura intérêt à exiger une politique de forte création d'emplois, même au détriment de la performance financière. La France souffre encore en matière de gouvernance d'une culture de dénégation des conflits d'intérêts issue de la forte croissance de l'après-guerre (qui les rendait faciles à ignorer) : ces conflits sont à tort confondus avec des problèmes de corruption. À ne pas les expliciter, on crée de fortes sources de blocage et d'incertitude sur le fonctionnement de nos grandes entreprises.

Dernière bombe à retardement laissée par les réformateurs de 1945 : un manque de concurrence. Une des caractéristiques du libéralisme français d'avant 1940 est, on s'en souvient, le faible niveau de la concurrence entre les entreprises. Or le plan n'a fait que renforcer ce biais, avec ses commissions de modernisation qui encouragent chaque profession à se coordonner au sein d'associations professionnelles où les gros de la profession organisent la politique des prix et le partage du gâteau sectoriel. En bref, le principe même des commissions de modernisation est une forme de collusion. De plus, un secteur concentré se prête mieux à la planification concertée, créant une humeur favorable aux concentrations industrielles dont la rhétorique actuelle du champion national est un héritage direct. On peut penser que le Plan a indirectement favorisé les très grandes entreprises, plus à même de négocier directement des aides spécifiques, au détriment de l'émergence de nouveaux champions.

La reconstruction d'après guerre n'a donc pas aidé notre pays à se libérer *seul* d'un faible niveau de compétition sur le marché des biens et des services, et de barrières à l'entrée importantes dont certaines subsistent encore aujourd'hui [1]. Il ne s'agit bien sûr pas de dire que l'économie française n'est pas concurrentielle, mais plutôt de souligner que la pénétration de la concurrence dans notre pays est venue pour l'essentiel de l'étranger, et en particulier des institutions européennes. Ainsi, pour nos compatriotes, la culture

1. Voir par exemple Pierre Cahuc et Francis Kramarz, *De la précarité à la mobilité : vers une sécurité sociale professionnelle*, La Documentation française, 2005

anti-trust n'apparaît pas comme un impératif nécessaire au bon fonctionnement de l'économie de marché, mais comme une contrainte souvent arbitraire, imposée par « Bruxelles ».

Au total, le succès de la reconstruction d'après guerre s'est métamorphosé en une malédiction : elle a durablement solidifié les croyances des électeurs français dans un sens anti-libéral. Les taux de croissance très élevés durant cette période (5 %) ont créé un sentiment d'euphorie qui s'est profondément imprimé dans les mémoires. Dès que la croissance ralentit, une certaine nostalgie des Trente Glorieuses se manifeste. Un désir de reprise en main par l'État, un fantasme de nationalisation s'empare alors des esprits. Car le succès économique de cette période est largement attribué au système qui l'a accompagné (le dirigisme), plutôt qu'aux circonstances exceptionnelles qui l'ont permis (le rattrapage en partant de très bas). « Erreur d'attribution » est le terme qui désigne en psychologie cognitive ce type de biais. Un exemple amusant de mise en évidence de ce phénomène est rapporté par le psychologue Daniel Gilbert[1]. L'expérience est la suivante : une jeune femme effectue des sondages auprès de jeunes hommes qu'elle repère à leur traversée d'un pont à suspension particulièrement vertigineux. Certains sont interrogés sur le pont, d'autres à la sortie du pont. À la fin de chaque interview, la jeune femme laisse son numéro de téléphone, en laissant entendre qu'elle serait ravie de prolonger la conversation. Les hommes interrogés sur le pont rappellent en nombre bien plus important que ceux interrogés sur la

1. Daniel Gilbert, *Stumbling on happiness*, Albert Knopf, 2006.

terre ferme. La raison est simple : les sondés interprètent par erreur leur vertige comme l'effet de la jeune femme...

Les Français sont sujets au même type d'erreur. Si les Trente Glorieuses nous apparaissent souvent comme un exemple de politique économique réussie, il s'agit en grande partie d'une croissance « mécanique » que le dirigisme n'a fait qu'orchestrer efficacement. Il n'est plus un mode de propulsion adapté à notre situation économique, mais la nostalgie de cette ascension irrésistible nous donne périodiquement la tentation d'y revenir, pour redécouvrir, inévitablement, que ça ne marche plus. Les nationalisations de 1981, décision spectaculaire mais erreur vite corrigée, ou plus récemment la remise au goût du jour de la politique des champions nationaux participent de cette erreur cyclique.

Chapitre 6

1984, la révolution libérale de Pierre Bérégovoy

L'intervention de l'État dans le secteur financier est à bien des égards le nerf du dirigisme à la française. Au début des années 1980, la quasi-totalité de la finance tombe sous la tutelle directe de la direction du Trésor. Cette situation est le résultat d'une évolution amorcée au lendemain de la Seconde Guerre mondiale. Face au marasme économique, cette politique de contrôle direct des leviers de financement est allée en se renforçant au cours des années 1970. Elle culmine au lendemain de l'élection de François Mitterrand à la présidence de la République.

Secteur financier : quarante ans de mise sous tutelle

On l'a vu, dans les années d'immédiat après-guerre, une reprise en main du secteur financier par l'État s'était imposée comme une nécessité pour orchestrer la reconstruction de l'économie. La reconnaissance de l'importance de la finance, de son rôle central dans une politique économique dirigiste, était d'ailleurs déjà présente dans les réflexions des économistes planistes d'avant guerre. L'objectif des planificateurs de 1945 était d'assurer une bonne adéquation entre l'épargne des Français et les investissements dont devaient bénéficier les secteurs prioritaires (transports, électricité, métallurgie) [1]. Afin de contrôler les flux de crédit, le Trésor mit en place un réseau privilégié constitué pour l'essentiel des caisses d'épargne, de la Poste et des quatre grands ensembles mutualistes (crédit mutuel, banques populaires, crédit agricole et crédit coopératif). Ce réseau était en charge de collecter un large flux de dépôts, et disposait du monopole de l'attribution des prêts subventionnés (bonifiés) par le Trésor à destination des ménages et des entreprises. La Banque de France, ainsi que certaines grandes banques commerciales, comme le Crédit lyonnais et la Société générale, furent également nationalisées et donc placées directement sous la tutelle du ministre des Finances. Parallèlement, ce qui restait du marché obligataire, après l'inflation des années 1920 et la guerre, fut mis en coupe réglée par la Rue de Rivoli. Le Trésor devait superviser toute nouvelle émission en évaluant son adéquation avec les objectifs d'investissement du Plan. L'épargne qui cherchait à s'investir en titres de dette devait aller en priorité vers le financement de la dette publique, puis vers le réseau privilégié du Trésor, puis finalement, s'il en restait, vers le secteur privé. Au total, un réseau maintenant constitué de la Banque de France, du

1. La description qui suit s'inspire notamment de Jacques Melitz, « Financial Deregulation in France », *European Economic Review*, 1990, et Pierre-Cyrille Hautcœur, « Le système financier français de 1945 à nos jours », *Risques*, 1996.

Trésor, des institutions supervisant les banques et des associations professionnelles de banquiers était en mesure de coordonner de manière centralisée la politique économique, tout en maintenant le secteur privé à l'écart. Limité dans la collecte d'épargne et dans la distribution des prêts, celui-ci était réduit à sa plus simple expression. En 1970, les banques traditionnelles (certaines privées, pour la plupart publiques) collectaient 36 % des liquidités, contre 64 % pour les institutions sous le contrôle direct de l'État – circuit privilégié du Trésor et des banques mutualistes.

Avec la crise économique des années 1970, le mouvement de bureaucratisation du système bancaire se renforce encore. Afin de relancer l'investissement, le gouvernement multiplie les programmes de prêts subventionnés. Bien qu'un nombre croissant d'entreprises soient en difficulté financière, l'État fait tout pour encourager les banquiers à prêter. Pour accomplir cette mission, le Trésor dispose d'un certain nombre de structures hors budget, comme le Fonds de développement économique et social (FDES). Le rôle du FDES est d'apporter un financement de la dernière chance aux entreprises défaillantes ; sa présence rassure les banquiers : l'entreprise remboursera, d'autant que le FDES accepte de n'être payé qu'en cas de redressement de l'entreprise. Même si l'opération est trop souvent un échec, les banquiers ont intérêt à ignorer le risque [1], d'autant que la Banque de France réduit simultanément ses taux directeurs. Au cours des années 1970, les entreprises s'endettent

1. Élie Cohen donne des exemples saisissants de ce type d'opération de sauvetage, et de son échec presque systématique dans *L'État brancardier : 1974-1984*, Fayard, 1990.

considérablement. Cet afflux de liquidités dans l'économie ne tarde pas à faire pression à la hausse sur la demande et sur les prix, car les capacités de production n'augmentent pas en conséquence, le choc pétrolier les ayant même réduites.

Cet excès d'inflation n'est pas acceptable dans le cadre du système monétaire européen. Afin de stabiliser le marché des changes européen – une condition importante pour permettre au commerce intra-communautaire de se développer – les pays membres de la CEE avaient décidé en 1972 d'introduire un système de parités flottantes entre leurs devises : le « serpent monétaire ». La très forte inflation française, particulièrement comparée à l'Allemagne, force le gouvernement à sortir du système en 1974, puis à nouveau en 1976 afin de préserver la compétitivité de notre industrie. Cette politique étant mal ressentie par nos partenaires, le gouvernement se résout, en 1976, à mettre en place un système de contrôle des liquidités, « l'encadrement du crédit », pour limiter l'inflation. C'est donc maintenant l'Europe, et non plus les petits rentiers comme en 1900, qui vient forcer le gouvernement à combattre l'inflation par une politique d'orthodoxie monétaire.

Mais ce remède de cheval ne fait que désorganiser un peu plus le secteur financier. En période de faibles taux d'intérêt, qui plus est subventionnés, les entreprises étaient fortement demandeuses de crédit. Au lieu d'augmenter les taux, l'idée de l'encadrement du crédit consiste à limiter la création de liquidité en *rationnant* les entreprises françaises. Tous les mois, la Banque de France fixe à chaque banque de détail un plafond sur les prêts non subventionnés qu'elle peut distribuer. Les prêts subventionnés, que le secteur privé ne peut pas distribuer, ne sont pas soumis à ces plafonds, de sorte que leur expansion se fait au détriment du crédit privé. L'emprise effective du Trésor sur le financement de l'économie s'en trouve mécaniquement accrue. Le secteur privé s'étiole ; une culture de totale subordination aux ordres de la Rue de Rivoli se répand dans tout le secteur bancaire. Les taux d'intérêt ne reflètent plus du tout le risque des investissements, ni la rareté ou l'abondance de l'épargne, mais les niveaux de subventions décrétés par les hauts fonctionnaires du Trésor.

En 1981, l'ampleur de la crise porte au pouvoir les socialistes sur un programme de nationalisation massive de l'économie : le pays espère par un retour au dirigisme total renouer avec la croissance euphorisante des Trente Glorieuses. Sorte d'écho de l'après-guerre, c'est à un excès de libéralisme qu'on attribue le marasme, et c'est nostalgiquement vers l'État planificateur que les espoirs se tournent. L'application du Programme commun porte le coup de grâce à la banque privée : au lendemain des nationalisations de 1982, qui concernent notamment Suez et Paribas, le secteur public couvre 99 % des dépôts. Seules quelques très petites banques passent au travers. L'État contrôle directement l'ensemble du secteur financier. Pourtant, malgré une courte reprise en 1981-1982, l'économie française ne parvient pas à sortir du marasme. Inquiétés par les nationalisations et par les dévaluations qui se succèdent à un rythme accéléré, les investisseurs étrangers deviennent nerveux. Les épargnants français cherchent à placer leurs capitaux dans des pays plus sûrs. Pour enrayer l'hémorragie, le gouvernement resserre le contrôle des changes le 21 mai 1981, puis à nouveau le 25 mars 1982. Si elles parviennent à piéger les capitaux à l'intérieur de nos frontières, ces mesures inquiètent les investisseurs potentiels : les flux entrants de capitaux étrangers se tarissent.

Les espoirs du retour au « dirigisme *hard* » sont vite déçus, car en 1984 le bilan de l'intervention de la finance publique est accablant. Le programme de subventions à l'investissement compte plus de 250 programmes de prêts bonifiés, pour des objectifs aussi contradictoires que les « restructurations » ou la « préservation de l'emploi ». Les taux d'intérêt diffèrent de manière arbitraire : à la mi-1984 les « prêts spéciaux à l'investissement » coûtent 9,25 %, alors que les prêts « aidés aux entreprises » coûtent 11,75 % par an. Pour Jean-Charles Naouri, alors directeur de cabinet de Pierre Bérégovoy, « ce dégradé subtil traduit moins la finesse des procédures que l'accumulation historique de procédures archaïques et d'une complexité extravagante [...] L'accumulation de priorités traduit, malheureusement, l'absence de vraies priorités [1] ». La complexité de ces programmes rend leur coût budgétaire – sans parler de leur efficacité – impossible à évaluer, même a posteriori. Le système financier dans son ensemble est devenu illisible et perclus de contraintes bureaucratiques. Les prêts non bonifiés ne représentent même plus la moitié des sommes prêtées, et ils doivent s'aligner sur les conditions offertes par le secteur subventionné. Déjà anémié pendant les Trente Glorieuses, le marché boursier est vidé de sa substance par les nationalisations de 1982. Il n'a aucune capacité de financement de l'économie.

1. Jean-Charles Naouri, « La Réforme du financement de l'économie », *Revue Banque,* 1986.

La libération financière de 1984

Dans l'équipe de Pierre Bérégovoy, l'idée fait son chemin que les affaires financières ne peuvent plus être gérées d'en haut. Il faut maintenant déléguer au marché le financement de l'investissement, c'est-à-dire le choix des projets à financer et la détermination du taux d'intérêt, qui doit dépendre d'une analyse fine des risques. Le cabinet du ministre des Finances se met au travail pour libérer le secteur financier de la tutelle de l'État. Inquiet de la perte d'influence qui menace son administration, le directeur du Trésor fait d'ailleurs, au début, obstruction. Mais le ministre est déterminé. À la tête de son cabinet, Jean-Charles Naouri, mathématicien de formation, normalien, sorti major de l'ENA, a aussi étudié l'économie à Harvard. Son équipe s'inspire explicitement des expériences étrangères, notamment américaines, dont les « marchés financiers sont traditionnellement plus mobiles et plus modernes que le nôtre [1] ». Il s'agit dans un premier temps de mettre fin à l'encadrement du crédit, qui corsète les décisions d'investissement des grandes banques. La Banque de France cesse de fixer des plafonds au montant de liquidités à distribuer, et ne détermine plus que les taux d'intérêt. Le montant des prêts bonifiés est réduit drastiquement, et leur offre devient plus concurrentielle. L'État ne décide plus du montant de crédit versé aux entreprises, du coût de l'argent, ni de la rémunération de l'épargne. C'est la confrontation de l'offre et de la demande, la responsabilisation des acteurs pour évaluer les risques des différents projets, qui gouvernent maintenant l'allocation du capital.

1. *Ibid.*

Le temps presse, car, criblé par les mauvais prêts aux entreprises en difficulté, le système bancaire éprouve de plus en plus de difficultés à absorber une dette publique qui a explosé après plus de dix ans de crise économique. La nécessité de financer le déficit conduit l'équipe de Pierre Bérégovoy à entreprendre, parallèlement à la réforme bancaire, une libéralisation des marchés financiers. Il s'agit tout d'abord de redonner confiance aux investisseurs étrangers, échaudés par les nationalisations de 1982 et par le rétablissement du contrôle des changes. Celui-ci est donc progressivement assoupli à partir de l'automne 1984 : les impôts sur les intérêts payés par les investisseurs étrangers sont supprimés. Le marché des eurofrancs, fermé en 1981, est rouvert en 1985, permettant aux entreprises d'émettre des obligations libellées en francs hors de France et donc de solliciter davantage l'épargne étrangère. On encourage également les entreprises à se financer directement sur le marché français, en émettant des titres de dette de court terme. L'on simplifie également les procédures d'émissions, dissuasives parce que trop complexes. C'est toute la tuyauterie du système financier qui est rénovée et mise aux standards les plus modernes : le MATIF, ouvert en février 1986, suivi de la création du MONEP introduisent un marché des produits dérivés (contrats à terme, options) permettant de s'assurer contre des variations de taux et de prix. Cet effort de modernisation du marché financier sera poursuivi par le gouvernement Chirac élu en 1986. Par exemple, le monopole des agents de change sera brisé. L'entrée de nouveaux courtiers réduira les coûts de transaction, et rendra le marché français plus liquide et plus attractif.

Par rapport à l'après-guerre, la modernité a changé de camp. Très rapidement, la haute fonction publique abandonne le dirigisme pour se convertir au libéralisme. Les forces de marché sont mises en avant sans complexe : « L'économie française est désormais soumise à la vérité des taux d'intérêt. [...] La réforme du financement traduit un choix d'organisation de l'économie, débarrassé des rigidités du corporatisme professionnel et du dirigisme de l'État », déclare Pierre Bérégovoy en 1984[1]. La foi retrouvée dans le marché s'accompagne d'une défiance nouvelle à l'égard de l'intervention publique. Au-delà du secteur financier, l'objectif poursuivi est de démanteler pièce à pièce la cathédrale interventionniste édifiée dans les années d'après guerre. Tout doit disparaître : « La remise en cause du dirigisme administratif est une œuvre de longue haleine. Elle ne peut être que progressive tant elle se heurte à des comportements et des habitudes anciennes. Qu'il s'agisse des prix, du crédit, des changes, des marchés financiers, l'action de libéralisation et de simplification engagée sera poursuivie, et étendue à d'autres domaines. Les entreprises y trouveront plus d'initiative et plus de dynamisme dont j'attends qu'elle stimule l'activité[2]. » En apparence, la haute administration française semble renouer, dans les années 1980, avec le consensus libéral de la Belle Époque tel que l'enseignait Paul Leroy-Beaulieu aux futurs inspecteurs des Finances. Après quatre décennies de relatif

1. Pierre Bérégovoy, « Un symbole de progrès », préface au *Livre blanc sur la réforme du financement de l'économie*, 1984.

2. Pierre Bérégovoy, cité par André Gauron, dans sa préface de *Pierre Bérégovoy : un réformateur*, sur le site de l'Association Pierre Bérégovoy.

engourdissement, la doctrine de l'État minimal et du « marché efficient » fait son retour sur scène.

Il y a pourtant une certaine distance entre l'ordre libéral de 1900 et la vision qui animait les réformateurs des années 1980. Au début du siècle, le courant libéral dominant était marqué par un attachement viscéral à l'indépendance et la petite propriété, fondements d'un rejet de l'intervention publique. L'entreprise privée est plus réactive, plus créative, plus flexible. La bureaucratie est rigide, lente et tatillonne. Selon la formule de Leroy-Beaulieu, « l'État n'a rien inventé et n'invente rien ». Dans la vision de Pierre Bérégovoy, la concurrence a beaucoup plus d'importance que dans le consensus libéral du début du siècle. C'est elle qui délivre la propriété privée de son péché originel, le monopole. C'est elle qui assure que les consommateurs paient un prix aussi proche que possible des coûts de production.

C'est avant tout parce qu'il interfère avec le libre jeu de la concurrence que le dirigisme est inefficace. L'intervention publique a des effets pervers, non parce qu'elle se substitue à l'initiative privée, mais parce qu'elle offre un abri aux canards boiteux. « La France a une longue tradition de dirigisme et d'interventionnisme étatique. Les entreprises s'en plaignent ; elles y trouvent souvent des protections qui les abritent d'une forte concurrence. Socialiste, l'idée que je me fais de la liberté s'accorde mal avec cette tradition [1]. » Le ministre fait directement référence au fait que le dirigisme d'après guerre a pu conduire à la cartellisation implicite de l'économie : « Il fut un temps où l'on a préféré le partage du monopole à la concurrence. »

1. Pierre Bérégovoy, *op. cit.*

Le libéralisme new-look n'est pas un libéralisme de propriétaires, mais un système économique au service des salariés-consommateurs. En 1945, la seule réponse possible au « capitalisme des trusts » semblait être l'étatisation de l'économie. Le programme était de nationaliser les rentes, non de les abolir. Une économie dont le caractère concurrentiel serait protégé (par la régulation, la condamnation des monopoles, et surtout par la baisse des barrières à l'entrée que permet un marché financier compétitif) n'est pas une option qui avait été considérée. C'est précisément cette voie que Pierre Bérégovoy propose d'explorer. Pour lui, le projet est doublement de gauche : en permettant aux entreprises les plus productives de prendre le pas sur les moins bonnes, la finance de marché augmente la compétition et bénéficie donc au consommateur. En permettant la contestation des positions acquises par des entreprises entrantes, elle est aussi un vecteur possible d'ascension sociale. Si elle se rattache à la tradition radicale, une formulation aussi explicite chez un homme de gauche est à l'époque une nouveauté. On trouve la trace étonnante d'un même constat dans des propos de Léon Blum. Envoyé aux États-Unis juste après la guerre pour négocier les termes du futur plan Marshall, Blum avait été surpris et séduit par l'effet de redistribution des cartes permanente du processus de création destructrice dans le tissu industriel américain : « Tandis que la règle du capitalisme américain est "permettre aux nouvelles entreprises de voir le jour", il semble que celle du capitalisme français soit "permettre aux vieilles entreprises de ne pas mourir" ! Mais le capitalisme français ne peut obtenir ce résultat contre nature sans une intervention active de l'État. C'est ce qui doit changer[1]. »

La politique de libéralisation entreprise Rue de Rivoli produit rapidement les effets escomptés. La confiance des investisseurs étrangers revient. D'après la Banque de France, la valeur des actions détenues par les investisseurs étrangers passe de 14 milliards de francs en 1982 à 130 milliards en 1986, pour atteindre 300 milliards au début des années 1990. Soulagement pour les fonctionnaires du Trésor, les étrangers investissent également dans la dette de l'État : leurs avoirs en obligations – pour l'essentiel de la dette publique – bondissent de 167 en 1980, à 390 milliards de francs en 1984 puis 700 milliards en 1990. Le retour des investisseurs redonne vie à la place de Paris. En quasi-stagnation depuis les années 1960, l'indice CAC général qui mesure à l'époque le dynamisme de la Bourse gagne 30 % entre 1982 et 1986.

Ressuscitée, la société de propriétaires accueille à bras ouverts les privatisations du gouvernement Chirac. Les Français se précipitent sur les offres publiques de vente de Saint-Gobain, Paribas et Alcatel-Alsthom. Leurs avoirs en actions cotées augmentent très rapidement, de 78 milliards de francs en 1982 à 534 milliards en 1988, l'année de la défaite de Jacques Chirac contre François Mitterrand. D'après un rapport réalisé en 2001 par la SOFRES, le nombre de porteurs de valeurs mobilières passe d'environ 3 millions en 1982 à 8,5 millions en 1987 et 14 millions au début des années 1990. Cet intérêt renouvelé pour les titres financiers se porte

1. Cité dans Warren Baum, *The French Economy and the State*, Greenwood Press Publishers, 1958, p. 246.

davantage sur les actions, pourtant plus risquées. Le nombre d'actionnaires de sociétés cotées en Bourse passe de 1,7 million en 1982 à 6,2 – soit plus d'un Français sur dix – en 1987. Il demeure stable, aux alentours de trois millions, pour les obligations : la hausse de la dette publique est donc pour l'essentiel absorbée par l'épargne étrangère. Comme ils l'avaient montré au XIXe puis au début du XXe siècle, les Français ne témoignent d'aucune aversion particulière pour les titres risqués.

Le secteur bancaire se transforme en profondeur. Dépouillé d'une partie de ses privilèges, le circuit du Trésor perd de l'importance dans l'économie, alors que les banques classiques – privatisées ou non – reprennent l'avantage. Pour la première fois depuis l'après-guerre, ces banques gagnent des parts de marché sur la collecte de fonds par rapport au circuit privilégié du Trésor. Entre 1980 et 1993, la part des liquidités collectées par celui-ci passe de 38 à 28 %. Les mutuelles – elles aussi largement contrôlées par l'État – passent de 24 à 18 % de parts de marché [1]. L'apparition de nouvelles technologies, mais également un sens accru des responsabilités – l'État ne serait plus là pour sauver les firmes défaillantes – poussent les banques à se réorganiser, afin de réduire les coûts, contrôler les risques et suivre au plus près la solvabilité de leurs entreprises clientes [2]. Une étude récente de Marianne Bertrand et ses coauteurs le montre bien [3]. Les données

1. Dominique Plihon, « L'évolution de l'intermédiation bancaire : 1953-1993 », *Bulletin de la Banque de France*, n° 21, 1995.

2. Claude Rémy et Béatrice Sergent, « La banque en Europe : Les dix prochaines années », *Revue Banque*, 1986.

3. Marianne Bertrand, Antoinette Schoar et David Thesmar, « Banking Deregulation and Industry Structure : Evidence From French Banking Reforms », à paraître dans *Journal of Finance*.

micro-économiques qu'examinent ces chercheurs montrent qu'à la suite de la réforme, les banques deviennent plus exigeantes et plus soigneuses dans le choix de leurs clients et des montants prêtés. Les entreprises dont la mauvaise santé financière s'avère durable ont désormais plus de difficultés à s'endetter. Auparavant, une entreprise qui s'endettait connaissait, en moyenne, une détérioration de ses profits dans les années suivantes, reflet d'une politique de prêt peu soucieuse d'éviter d'investir dans des projets faibles. Au contraire, après la réforme, les prêts reviennent à des entreprises qui s'améliorent par la suite. Privées du filet de sécurité étatique et mises en situation de concurrence, les banques sont désormais incitées à bien choisir. La réforme bancaire de 1985 permet donc au capital de se redéployer vers les entreprises les plus créatrices de valeur. S'il s'agit d'une mauvaise nouvelle pour les entreprises aux projets peu prometteurs, l'effet pour l'économie est positif au total : l'étude montre que les secteurs les plus exposés à la réforme ont créé davantage d'emplois et sont devenus plus productifs.

En 1985, la place financière de Paris est bel et bien redevenue une des plus modernes du continent européen. Il n'est pas exagéré de parler de révolution financière à propos du legs de l'équipe Bérégovoy. Pourtant, le conte de fées de cette réconciliation des Français avec l'économie libérale ne dure pas.

CHAPITRE 7

Les névroses d'un capitalisme sans capitalistes

Si pendant les « années fric » l'image de la libre entreprise s'est améliorée dans l'esprit des Français, l'effet a été temporaire, et la tendance s'est renversée à nouveau dans les années 1990. Les sondages de la SOFRES montrent que jusqu'au début des années 1980, une majorité de Français s'accordait à penser que l'intervention et le contrôle de l'État étaient la réponse la plus appropriée à la crise économique[1]. À partir de 1983, cette opinion se renverse : ils sont plus de 60 % à penser que la bonne réponse consiste à « faire confiance aux entreprises et leur donner plus de liberté ». Ce sentiment est extrêmement stable dans la seconde partie des années 1980. Mais à nouveau, à partir

1. SOFRES, 2003, « Les Français et l'entreprise », étude réalisée pour *Le Figaro économie* et la chambre de commerce et d'industrie de Paris. La question posée presque chaque année à un échantillon représentatif de Français est : « Pour faire face aux difficultés économiques, pensez vous (1) qu'il faut faire confiance aux entreprises et leur donner plus de liberté ? ou (2) Au contraire qu'il faut que l'État les contrôle et les réglemente plus étroitement ? »

de 1994, le sentiment général se retourne, et les Français redeviennent demandeurs d'intervention pour résoudre les difficultés économiques du pays. À nouveau, la liberté d'entreprendre perd le soutien des Français, et la très forte reprise de la fin des années 1990 ne change presque rien au sentiment général.

Dans les années 1990, le marché est donc retombé dans sa disgrâce initiale. Les architectes de la révolution financière quittent la scène politique dans une atmosphère de psychodrame. Jean-Charles Naouri se voit soupçonné de délit d'initié dans une affaire de raid boursier contre la Société générale (il sera relaxé en 2002) ; Pierre Bérégovoy, accusé d'avoir reçu un prêt sans intérêt d'un million de francs de son ami Roger-Patrice Pelat, lui-même impliqué dans l'affaire Pechiney, se suicide en mai 1993.

Comment comprendre ce retournement de l'opinion ? En un certain sens, confrontés au krach de 1987 qu'ils ne pouvaient pas prévoir, les « libéralisateurs » ont joué de malchance. Et les « affaires » n'arrangent évidemment rien. Mais le rejet est trop durable pour venir simplement de ces raisons circonstancielles. Pour décrypter le rejet de la greffe libérale, il est nécessaire de comprendre mieux les griefs des Français. Pour cela, nous allons nous intéresser de plus près aux sondages d'opinion.

Premier élément rassurant de cette tentative de diagnostic : lorsqu'on observe les sondages rassemblés par le World Value Survey, les Français ne montrent aucun appétit particulier pour les nationalisations. Entre le début et la fin des années 1990, la part de Français affirmant que « l'État doit se rendre davantage propriétaire du secteur productif » est passée de 23 à 16 %[1]. À la fin des années 1990, sur les 57 pays recensés par le World Value Survey, la France se place en troisième position des pays les moins séduits par les nationalisations, derrière l'Autriche et l'Islande, tout juste devant les États-Unis et le Canada.

Deuxième message relayé par les sondages : la très mauvaise image de la concurrence, probablement teintée par le débat sur les délocalisations. La fraction de Français estimant que la concurrence est une mauvaise chose, qu'elle « stimule ce qu'il y a de plus mauvais dans l'homme », est passée de 20 à 30 % au cours des années 1990[2]. Sur ce point, il y a bien une pathologie française : parmi les 60 pays interrogés dans le World Value Survey à la fin des années 1990, la France se classe quatrième, derrière le Chili, la Belgique et l'Estonie. Les Français semblent donc avoir des difficultés avec la concurrence, et la situation s'est détériorée dans les années 1990. Cette méfiance n'est toutefois pas très surprenante. D'une part, c'est l'accroissement de la concurrence, entre institutions financières mais aussi entre entreprises, que visait la libéralisation financière de Bérégovoy, et en parallèle la construction européenne. Il est donc logique que l'inflammation anti-libérale porte

1. Source : World Value Survey, 1990 et 1999. Les personnes interrogées doivent dire de quel point de vue elles se sentent les plus proches : « La propriété privée des entreprises doit être accrue » ou « L'État doit se rendre propriétaire d'une plus grande fraction des entreprises des services et de l'industrie ».

2. Source : World Value Survey, 1990 et 1999. Les personnes interrogées doivent dire de quel point de vue elles se sentent les plus proches : « La concurrence est une bonne chose ; elle pousse les gens à travailler et à innover » ou « La concurrence est une mauvaise chose ; elle stimule ce qu'il y a de plus mauvais en l'homme ».

sur ce point. Par ailleurs, le rejet de la compétition est une constante forte de l'histoire de notre pays ; nous l'avons dit : si elle défend jalousement la propriété privée et rejette l'interventionnisme de l'État, la société de petits propriétaires de 1900 se méfie de la concurrence.

Troisième pièce à apporter à ce tableau clinique de l'opinion : s'il est un élément de l'économie française qui a suscité les espoirs, puis déçu les Français, c'est la grande entreprise. Très populaire dans les années 1980, tout se passe comme si nos champions nationaux, icônes du capitalisme français, avaient entraîné tout le système dans leur disgrâce dans les années 1990. Alors que seulement 49 % des Français interrogés affirmaient faire plutôt confiance aux grandes entreprises au début des années 1980, ce chiffre monte à 66 % au début des années 1990. En 2000, la méfiance est revenue à son niveau pré-mitterrandien [1]. Cette glissade de nos grandes sociétés, on l'observe également dans la confiance accordée aux chefs d'entreprise. En 1985, 25 % des Français seulement déclaraient ne pas faire confiance aux chefs d'entreprise ; la situation se dégrade au cours des années 1990, et ils sont 54 % en 2002. Ce mouvement se concentre sur les grandes entreprises : en 2002, 71 % des Français déclarent faire confiance aux PME, contre 40 % aux grandes entreprises [2]. Une autre enquête menée par la SOFRES en 2005 confirme ce constat en plaçant le grand patronat en queue de peloton des élites légitimes, bien derrière les patrons de PME, les élus ou les intellectuels.

1. Source : World Value Survey, 1980, 1990 et 1999.

2. SOFRES, 2002 : « L'opinion française en attente d'une nouvelle gouvernance d'entreprise ».

Pourquoi une telle colère contre nos champions nationaux et ceux qui, en partie, sont responsables de leur succès ? Il ne s'agit pas de la résurgence d'une aversion atavique au capitalisme financier, mais de la conséquence du caractère inachevé des transformations mises en œuvre dans les années 1980. La libéralisation financière nous a laissés dans un système bancal et instable. Les réformes ont été trop limitées pour rendre les Français partie prenante du nouveau système qui se dessinait. Ce sentiment d'exclusion est en grande partie source de mécontentement, comme nous allons le voir.

Le poids des actionnaires étrangers

Tout d'abord, en encourageant les entreprises à solliciter les marchés financiers, les transformations des années 1980 ont accru le besoin d'épargne en actions, bien au-delà de ce que les Français pouvaient fournir. L'espace manquant a été comblé par les investisseurs étrangers. En 1982, ceux-ci détenaient environ 5 % de la valeur des actions cotées sur la place de Paris. Leur part monte à 10 % en 1988, puis 13 % en 1990. Tout au long des années 1990, la hausse se poursuit à un rythme effréné : 22 % en 1995, 33 % en 2000 [1]. C'est évidemment les actions des grandes entreprises, plus faciles à vendre si besoin est (plus « liquides »), que les investisseurs étrangers achètent en priorité : ils détiennent, en 2001, près de 45 % du capital des sociétés du CAC 40 [2].

1. Source : Comptes financiers de la Banque de France.
2. Jean-Guillaume Poulain, « La détention du capital des entreprises françaises du CAC 40 par les non-résidents de 1997 à 2002 », *Bulletin de la Banque de France*, 2004.

Ce constat peut paraître paradoxal dans un pays qui se vante d'avoir l'un des taux d'épargne les plus élevés du monde, d'autant que, nous l'avons vu, les Français n'ont pas d'aversion culturelle contre les actions. La perplexité augmente lorsque l'on traverse l'Atlantique : les ménages américains, qui consomment plus qu'ils ne gagnent – leur taux d'épargne est négatif depuis la mi-2005 – détiennent environ, soit directement, soit indirectement via leurs comptes d'épargne-retraite, environ 90 % des actions des sociétés américaines.

La comparaison mérite d'être détaillée : à la fin des années 1990, les ménages français détiennent, au total, l'équivalent de 70 % de leur revenu annuel en actions (directement ou indirectement, via des fonds de gestion collective). Les ménages américains possèdent, au même moment, l'équivalent de 220 % de leur revenu [1]. Comme la demande d'actions est forte aux États-Unis, les sociétés américaines dépendent bien moins de l'épargne étrangère pour leur financement : outre-Atlantique, fonds commun de placements, fonds de pension et ménages détiennent ensemble 90 % des actions. En France, ce chiffre n'est que de 50 %.

Quelles sont les raisons de cette étrange disparité ? Une première réponse consisterait à conclure que les épargnants français ont une plus grande aversion que les ménages américains pour le risque.

En effet, si les actions sont extrêmement rentables, elles sont aussi risquées. En France, pendant l'après-guerre

1. Pierre Olivier Beffy, Cécile Chataignault, Brieuc Montfort et David Thesmar, « L'effet richesse en France et aux États-Unis », Note de conjoncture de l'INSEE, 2001.

(1950-2000), les actions rapportent en moyenne environ 8,5 % par an – une fois déduite la hausse du coût de la vie. À titre de comparaison, le rendement annuel des obligations est de 4,4 %, et celui de l'or est presque nul, à – 0,1 % par an [1]. Cette surprime versée aux détenteurs d'actions reflète en partie le risque, car leur valeur est très sensible aux aléas de la conjoncture économique. Au total, estime Alice Tanay, les actions sont presque quatre fois plus risquées que les obligations. Ces chiffres, calculés pour la France de la seconde moitié du XXe siècle, changent quelque peu lorsqu'on inclut l'entre-deux-guerres, c'est-à-dire la période de forte inflation des années 1920 – néfaste aux obligations – et celle de la grande dépression des années 1930 – néfaste aux actionnaires. Entre 1913 et 2000, les actions rapportent en moyenne 4 % par an de plus que la hausse du coût de la vie ; les obligations perdent en moyenne 1 % par an, mais font supporter un risque deux fois moins important à leurs détenteurs. Au total, les actions sont plus rentables et plus risquées que les titres de dette. Ce fait a été établi quelle que soit la – longue – période considérée, et dans tous les pays du monde.

Si les Français avaient un appétit pour le risque inférieur à celui de leurs homologues américains, le mystère de leur faible investissement en actions serait dissipé. Pourtant, cette hypothèse n'est pas satisfaisante. A priori, rien dans notre histoire financière ne suggère un tel atavisme, comme nous l'avons vu plus haut. De plus, les psychologues expérimentaux, qui s'intéressent au comportement

1. Alice Tanay, « Les actions plus rémunératrices que les obligations et l'or au XXe siècle », *INSEE Première*, 2002.

des individus face au risque en mesurant directement leurs réactions face à certains choix proposés en laboratoire, ne trouvent pas de différence d'aversion au risque entre l'Europe et les États-Unis. Au contraire, les études comparatives suggèrent que les pays les plus individualistes perçoivent le risque de perte financière comme plus dangereux (car la collectivité les soutiendra moins dans ces situations) : ceci rend les Américains plutôt plus réticents à prendre des risques que les Européens et les Chinois [1] !

Abandonnons donc l'hypothèse d'une singularité culturelle. Seconde explication possible à notre faiblesse en épargne-actions : les Américains sont tout simplement plus riches que nous, il n'est donc pas étonnant que leur capacité à épargner en actions soit plus importante. L'argument a un certain poids, mais, comme on va le voir, ne résout pas le mystère de notre faible capacité à épargner en actions.

Un petit détour par la théorie économique va nous aider à voir pourquoi. Mettons-nous dans la peau d'un épargnant qui doit répartir sa richesse entre deux instruments financiers : l'un est risqué et fort rentable, et l'autre est non risqué, mais moins rentable. En partant de ce problème, Paul Samuelson, prix Nobel d'économie en 1970, a montré, dans les années 1960, que la part de la richesse investie en actions (l'actif risqué) ne dépend pas du niveau de richesse de l'épargnant [2]. De ce point de vue, le riche

1. Weber and Hsee, « Cross-cultured differences in Risk perception, but cross-cultural similarities in attitude towards perceived risk », *Management Science*, 1998.

2. Paul Samuelson, 1969, « Lifetime Portfolio Selection by Dynamic Stochastic Programming », *Review of Economics and Statistics*. Pour une présentation plus moderne de l'argument, on pourra égale-

rentier comme la veuve de Carpentras doivent tous deux investir la même fraction de leur richesse dans les actions. L'intuition de ce résultat tient à ce que les économistes savent de l'attitude des épargnants face au risque : un épargnant deux fois plus riche tolère un niveau de risque deux fois plus élevé. Sa capacité de « digestion » du risque étant double, il investira deux fois plus dans les actifs risqués. La fraction épargnée en actions ne dépend donc pas du niveau de richesse. Or, ce n'est pas simplement le *niveau*, mais la *fraction* de l'épargne investie en actions qui est nettement plus élevée aux États-Unis. À la fin des années 1990, les actions détenues directement et indirectement via les fonds de gestion collective constituent plus du tiers de la richesse des ménages américains, alors qu'elles ne représentent qu'un cinquième de la richesse des ménages français [1]. Autrement dit, le mystère, c'est la *composition* de notre épargne, très largement orientée vers les bons du Trésor, l'immobilier et les obligations.

Si l'argument de la richesse américaine ne répond donc pas à la question, le raisonnement de Paul Samuelson nous permet d'aller un cran plus loin en suggérant une nouvelle piste pour expliquer la différence de détention d'actions entre Français et Américains.

En France, l'essentiel de nos retraites est financé par répartition, c'est-à-dire que les actifs paient directement les

---

ment consulter Ravi Jagannathan et Narayana Kocherlakota, *Federal Reserve Bank of Minneapolis Quarterly Review*, 1996.

1. Source : Beffy *et alii*, *op. cit.* Cette comparaison sous-estime probablement l'écart, car elle exclut les actions détenues via les fonds de pensions, qui sont le véhicule privilégié d'épargne-retraite aux États-Unis.

pensions des retraités. En échange, ceux-ci accumulent des droits à percevoir une pension lorsqu'ils atteindront l'âge de la retraite. Aux États-Unis, domine le financement par capitalisation, c'est-à-dire que les ménages accumulent des actifs financiers – actions, obligations – dont le rendement et la revente financeront leur pension. Il n'est pas inutile de rappeler, toutefois, que les Américains contribuent également à un système de retraites par répartition – le *social security* – qui verse environ 30 % de l'ensemble des pensions. La différence avec la France est que l'épargne-retraite est beaucoup plus importante outre-Atlantique.

La richesse totale des ménages français n'est donc pas constituée uniquement de *biens* (épargne financière et immobilière), mais également des droits futurs à la retraite. Or ces droits futurs s'apparentent moins à des bons du Trésor qu'à des actions risquées : nous toucherons des pensions en 2020 ou 2040, et ces pensions dépendront en grande partie de l'état de l'économie à cette époque. Le système de retraite par répartition revient donc à « forcer » les Français à détenir une partie importante de leur richesse sous forme d'actif risqué (leurs « droits » futurs). Et c'est précisément pour cette raison qu'il reste peu d'appétit pour les autres actifs risqués, comme les actions ; la fraction de la richesse des ménages français investie en actions doit donc être plus faible qu'outre-Atlantique.

Ce raisonnement n'est pas une chimère de théoricien : ce qui est le plus étonnant lorsqu'on interroge les Français sur leur retraite, c'est le très fort niveau d'incertitude qui selon eux plane sur leurs droits. Dans un sondage IFOP réalisé en 2006, 61 % des Français se déclarent inquiets sur le niveau de leur retraite, 52 % d'entre eux déclarent avoir une vision « pas claire du tout » et 25 % « plutôt pas claire » du montant qu'ils toucheront au titre du système de retraite par répartition. Seulement la moitié des retraités actuels déclarent disposer de revenus conformes à ce qu'ils attendaient. Pas étonnant que, face à cette terrible incertitude qui mêle en vrac des risques économiques, politiques et démographiques, les Français évitent les produits risqués et perçoivent leur épargne complémentaire comme une trousse de survie. C'est par précaution qu'ils choisissent d'investir en priorité dans l'achat d'une résidence principale (61 %).

Au total, le financement de nos retraites par répartition, en plus d'être peu efficace[1] en période de faible croissance économique, a donc abouti à écraser la demande d'actions des Français. Il était donc fatal que les réformes financières des années 1980, parce qu'elles ont été accompagnées d'un statu quo sur le financement des retraites, conduisent à donner les clés des entreprises françaises aux investisseurs étrangers. Mais ceci est-il un problème ? Après tout, nous avons vu qu'étrangers ou français, les actionnaires souhaitent la même chose : des entreprises bien

1. Le système de retraite par répartition est le plus efficace économiquement lorsque le rendement du capital est moins important que l'accroissement de la population *plus* la croissance du revenu par habitant (Peter Diamond, « National Debt in a Neoclassical Model », *American Economic Review*, 1965). Si ces conditions ont pu être réunies dans les années d'après guerre (forte natalité pendant le *baby boom*, et forte croissance due au rattrapage du niveau de vie américain), elles ne le sont plus aujourd'hui. Notons que cette assertion ne préjuge pas du degré de redistribution du système de retraite. Des retraites très égalitaires peuvent être financées par des placements sur les marchés financiers comme c'est le cas, dans une certaine mesure, en Europe du Nord.

gérées, ce qui en soi n'est pas une mauvaise nouvelle pour l'emploi. En finançant la mutation de nos champions nationaux en champions mondiaux, le bilan de l'investissement étranger sur l'emploi français est certainement positif. Alors, y a-t-il un problème à ce déséquilibre ?

La réponse est oui, pour une raison politique. En fait, moins que l'efficacité économique, ce qui pose problème dans ce déséquilibre des nationalités, ce sont les conflits d'intérêts et donc l'instabilité qu'il génère. Le capitalisme sans capitalistes nationaux est de constitution politiquement fragile : une fraction très importante – presque majoritaire – de ceux qui financent nos grandes entreprises n'a aucune légitimité ni aucun soutien politique dans notre communauté démocratique nationale. Nos compatriotes, qui n'investissent pas en actions, observent avec ressentiment le retraité américain empocher la surprime que versent les actions par rapport aux obligations qu'ils détiennent. Cette instabilité politique est amplifiée par les fluctuations de l'économie : dans les périodes de succès, les profits de nos entreprises partent sous forme de dividendes sur les comptes des retraités américains, créant une pression insistante sur les pouvoirs publics pour se réapproprier ces profits. En phase de faible croissance au contraire, alors que les salariés et détenteurs d'épargne obligataire continuent de percevoir leur revenu garanti, les actionnaires touchent peu, sans que cette charge soit portée à leur crédit dans le débat public.

En vendant les actions de nos grandes entreprises aux étrangers, c'est la part de rêve, d'ambition économique, en un mot la croissance, que nous avons vendue. C'est une véritable déformation des préférences collectives qui s'est alors produite. Devenir une société de créanciers, qui touche les intérêts et non les dividendes de ses entreprises, a progressivement dissocié notre destin des ambitions de nos entrepreneurs. Ce que nous désirons, en bons créanciers, c'est forcer nos débiteurs (les entreprises) à limiter la prise de risque. Dans un geste parfaitement cartésien, les Français ont aligné leurs aspirations politiques sur leurs intérêts économiques : peu préoccupés par la croissance, la performance de l'économie, ils sont en revanche obsédés par la sécurité, le maintien du statu quo. Et ceux qui parient sur la croissance du pays (les actionnaires) sont dépourvus de soutien politique. Il ne faut donc pas se tromper : nous sommes moins un petit village gaulois qui résisterait pour des raisons idéologiques à la globalisation qu'une société de créanciers qui défend ses intérêts individuels.

Cette tension contraint périodiquement le politique à prendre des mesures *ad hoc*, souvent contestables, sans le pousser à attaquer le problème à la racine. Face à une menace d'OPA étrangère, la tentation est grande de mettre tous les moyens à disposition de l'État pour la bloquer. Après tout, il ne s'agit que d'exproprier des actionnaires en quasi-majorité étrangers (en les privant du droit de vendre leurs titres au plus offrant), au profit de la fierté nationale et de la réduction des risques (et donc des ambitions).

Cette situation de conflit larvé se paie : devant une telle incertitude politique sur leurs droits, les actionnaires étrangers « demandent » aux entreprises des rendements plus élevés pour accepter de financer leur développement. En cherchant à libérer les entreprises de leurs actionnaires, les mesures anti-OPA ont donc l'effet paradoxal de renforcer les exigences des investisseurs. Autre réponse du politique à ce malaise français que nous décrivons, la promotion de l'actionnariat salarié, qui incite les épargnants à investir une grande partie de leur épargne dans les actions des sociétés où ils travaillent. L'actionnariat salarié conduit donc très souvent à rendre les revenus des salariés plus vulnérables aux résultats de leur entreprise, leur faisant prendre ainsi un risque dont ils sont normalement protégés. De plus, elle les prive de l'un des apports majeurs de la finance de marché : la diversification des risques. Finalement, elle conduit à faire financer par les salariés (qui épargnent), les actionnaires (qui cofinancent les actions « gratuites » émises dans le cadre des plans de distribution d'actions) et le contribuable (qui finance la fiscalité avantageuse de ces véhicules), un bouclier anti-OPA hostile qui protège surtout le management de l'entreprise.

La panne de légitimité des dirigeants français

Ce capitalisme financier sans actionnaire français aboutit également à creuser le fossé qui sépare les Français de leurs élites managériales. Les réformateurs des années 1980 étaient parfaitement conscients de l'insuffisance de la demande d'actions de la part de nos compatriotes. Ils appelaient l'arrivée d'investisseurs étrangers de leurs vœux – il fallait bien trouver des actionnaires – sans pour autant se résoudre à leur céder le contrôle de nos grandes entreprises.

C'est pourquoi, tout en vendant la *propriété* des entreprises aux investisseurs français et étrangers, ils en ont transféré le *contrôle* à des hommes de confiance, issus du patronat français ou de la fonction publique. Ils ont protégé les entreprises via des réseaux de participations croisées (les noyaux durs) et en ont verrouillé les conseils d'administration en les peuplant d'anciens hauts fonctionnaires. Si, techniquement, les entreprises françaises devenaient de vraies entreprises privées, cotées en Bourse, les grands commis de l'État en conservaient la direction. Des raiders français ne pouvaient en prendre le contrôle qu'avec l'accord de l'État et de l'équipe dirigeante. De manière générale, il fallait en passer par les réseaux parisiens du monde des affaires et de la haute administration. La « grammaire des affaires », à cette époque, requiert de se faire accepter d'un très petit monde. Pour un raider étranger, en revanche, l'opération est impossible. En livrant les grandes entreprises aux mains d'une petite élite dirigeante, pour l'essentiel issue de grandes familles capitalistes et de la haute fonction publique, les gouvernements Chirac puis Balladur atteignaient leur objectif : s'assurer que nos grands champions restent français, en dépit d'un financement en grande partie étranger.

Au cours des années 1990, certains piliers de l'architecture mise en place lors des privatisations se sont effondrés, sous les coups de boutoir de certains outsiders particulièrement obstinés. Aujourd'hui, le réseau de participations croisées qui liaient les grandes entreprises françaises entre elles a presque totalement disparu, mettant certaines d'entre elles à la merci d'une OPA hostile de la part de groupes étrangers. Toutefois, il serait faux d'en déduire que le paysage du grand patronat français a complètement changé. Pour prendre un exemple, 11 % des entreprises cotées en Bourse sur la période 1988-2002 ont à leur tête un ancien membre de la haute fonction publique. Ce sont évidemment les plus importantes, si bien que lorsqu'on pondère les entreprises par leur taille, on réalise que 63 % des actifs des entreprises cotées en Bourse correspondent à des entreprises dirigées par d'anciens hauts fonctionnaires. Au lieu de diminuer au fur et à mesure que l'État se retirait de la vie économique, l'emprise des grands corps de l'État s'est renforcée sur les grands champions nationaux. La part des actifs correspondant à des firmes dirigées par d'anciens élèves de l'ENA est passée de moins de 30 % en 1993 à plus de 50 % en 2002. En revanche, les grands corps d'ingénieurs (corps des Ponts, corps des Mines) ont moins bien tiré leur épingle du jeu : leur part s'est légèrement érodée de plus de 10 % en 1993 à environ 5 % en 2002 [1].

En partie sous la pression des investisseurs étrangers, mais aussi des actionnaires français, la situation est en train d'évoluer. Certains anciens hauts fonctionnaires recrutent maintenant leurs successeurs dans les rangs des entreprises qu'ils dirigent, et non plus au Trésor ou à l'inspection des Finances. Motivés par leurs piles de stock-options, poussés par la concurrence internationale, les grands patrons n'hésitent plus à prendre les décisions qui fâchent au nom de la richesse de leurs actionnaires. Les réseaux d'amitiés cèdent plus souvent le pas aux considérations financières :

1. Francis Kramarz et David Thesmar, « Social Networks in the Boardroom », Document de travail IZA, n° 1940, 2006.

les OPA hostiles entre groupes français surviennent plus souvent. C'est probablement là que le bât blesse, car, parallèlement à ce mouvement, le grand patronat français continue d'afficher haut et fort sa volonté de préserver les intérêts des salariés et ceux de la collectivité nationale. Il hésite entre la figure ancienne du technocrate bienveillant et désintéressé, et celle, plus contemporaine, du chef de guerre au service de l'actionnaire. En prétendant servir plusieurs maîtres à la fois, le grand patronat français donne l'impression de n'en servir aucun. Souvent les salariés se sentent profondément trahis par ces anciens serviteurs de l'État qui, sans avoir changé de discours, leur semblent dans les faits avoir changé de camp.

Ce mélange des genres très français apparaît de manière criante dans le débat sur le gouvernement d'entreprise. Au début des années 1990, la confiance dans les grandes entreprises est ébranlée par une série de scandales financiers, notamment au Royaume-Uni. Outre-Manche, la faillite retentissante du groupe Maxwell, sur fond de malversations financières, avait suscité une demande forte pour que les entreprises cotées deviennent plus transparentes, mais aussi que des contre-pouvoirs forts puissent s'opposer à la direction de l'entreprise en cas de problème. Une commission, présidée par un grand patron, sir Adrian Cadbury, aboutit en 1992 à un code de bonne conduite auquel la plupart des grandes entreprises britanniques se rallièrent progressivement. Comme il s'agissait d'améliorer la transparence et de mieux gouverner les entreprises cotées, cette commission comprenait un représentant du patronat anglais, quatre experts-comptables, un professeur d'université, un avocat, un représentant des investisseurs, un représentant de la Bourse anglaise et un autre de la Banque d'Angleterre. L'objet des recommandations formulées dans le rapport est clair : « L'enjeu du gouvernement d'entreprise est de s'assurer que le conseil d'administration rende effectivement compte aux actionnaires [1]. » Nulle mention n'est faite des salariés, de l'environnement, des fournisseurs ou de la communauté nationale : outre-Manche, les PDG ne servent qu'un seul maître.

La France n'est pas en reste et édicte, en 1995, son propre code de bonne conduite en matière de gouvernance d'entreprise, le premier « rapport Viénot » publié sous le double patronage du CNPF (l'ancêtre du MEDEF) et de l'Association française des entreprises privées (AFEP). D'emblée, la profession de foi est à la fois plus ambitieuse et plus vague que dans le rapport britannique : « L'intérêt social peut ainsi se définir comme l'intérêt supérieur de la personne morale elle-même, c'est-à-dire de l'entreprise considérée comme un agent économique autonome, poursuivant des fins propres, distinctes notamment de celles de ses actionnaires, de ses salariés, de ses créanciers dont le fisc, de ses fournisseurs et de ses clients, mais qui correspondent à leur intérêt général commun, qui est d'assurer la prospérité et la continuité de l'entreprise. Le Comité considère que l'action des administrateurs doit être inspirée par le seul souci de l'intérêt de la société concernée. » En d'autres termes, l'entreprise obéit à un intérêt supérieur, et le conseil est souverain pour décider de quoi, au juste, il s'agit. Le rapport Viénot I – il sera suivi par deux autres documents

1. Comité Cadbury, « The Financial Aspects of Corporate Governance », 1992.

similaires en 1999 et 2003 – aboutit à un certain nombre de recommandations, plutôt peu contraignantes comparées à celles du rapport Cadbury[1].

Qui a participé à la rédaction du rapport ? Sur quatorze membres, quatorze grands patrons, dont six anciens hauts fonctionnaires. Comparée à la composition du comité Cadbury, le comité Viénot I a quelque chose de stupéfiant. Le texte qui fait autorité sur les modalités de surveillance des grands patrons est l'œuvre... de grands patrons. Il est d'ailleurs publié sous l'égide du patronat : dans les années 1990 comme dans les années 1960, la France refuse de reconnaître explicitement les potentiels conflits d'intérêts auxquels peuvent faire face, même en toute bonne foi, les membres de l'élite dirigeante. Le capitaine d'industrie, lorsqu'il se régule lui-même, endosse, sans qu'il soit admissible d'en douter, les habits du grand commis désintéressé.

Ainsi les réformes financières des années 1980, pour visionnaires qu'elles fussent, portaient-elles les germes de la contestation politique. Parce qu'elles n'ont pas assez développé l'actionnariat populaire et qu'elles ont donc exclu les Français d'une partie de ses bienfaits, mais aussi

1. Par exemple, le rapport Cadbury recommande sans ambiguïté qu'au sein de chaque conseil un comité d'audit soit formé. Le rapport Viénot I se contente de constater avec bienveillance que « bien des sociétés se sont dotées de "comités des rémunérations", de "comités d'audit" ou de "comités stratégiques" qui fonctionnent depuis plusieurs années de manière satisfaisante sous l'empire des textes actuels ». Et plus loin d'ajouter : « Quelles que soient la composition ou les modalités d'organisation du conseil d'administration, ce dernier est et doit demeurer une instance collégiale qui représente collectivement l'ensemble des actionnaires et à qui s'impose l'obligation d'agir en toutes circonstances dans l'intérêt social de l'entreprise. »

parce qu'elles ont nécessité le verrouillage du contrôle des grands champions nationaux, elles ont créé chez nos compatriotes un sentiment de rejet.

Un marché du travail rigide contre un marché du capital fluide

Si les patrons entretiennent l'ambiguïté sur leurs objectifs, et si les salariés ne sont pas prêts à leur pardonner de se concentrer sur la performance financière, c'est en grande partie parce que le chômage est resté pour les salariés français une source d'anxiété de premier plan. L'insuffisance des réformes entreprises sur le marché du travail rendait d'avance impossible de vivre dans la sérénité la conversion au capitalisme financier. En effet, un marché du capital fluide greffé sur un marché de travail rigide est source d'inflammations et de conflits majeurs.

La libéralisation financière de l'ère Bérégovoy-Balladur a eu pour effet de rendre le capital plus mobile. Pour demeurer rentables, dans un contexte de coût de l'argent élevé, les banques ont dû devenir plus exigeantes vis-à-vis de leurs créanciers. Elles ont cessé de prêter aux « mauvais risques », afin de préserver leur capacité d'investissement aux entreprises plus sûres. Sur les marchés financiers, c'est encore plus évident. Le monopole des agents de change une fois rompu, il est devenu bien moins coûteux de vendre ses actions d'une entreprise en difficulté, pour acheter celles d'une firme plus prometteuse. La levée du contrôle des changes permet aux investisseurs étrangers d'arbitrer entre les firmes françaises et les étrangères. De manière générale, la montée en charge des organismes de gestion collective – qui rassemblent l'épargne d'un grand nombre d'investisseurs – s'est traduite par une professionnalisation de l'investisseur moyen. Plus expérimenté, le gestionnaire de fonds modifie son portefeuille plus fréquemment, réalloue le capital dont il a la charge des mauvaises aux bonnes entreprises avec une plus grande fréquence que les petits porteurs – dont la majorité ne font pas plus d'une opération par an. Sur un marché boursier plus fluide, l'information circule plus vite, et les entreprises en difficulté ne peuvent trouver des capitaux qu'à un prix prohibitif. L'allocation du capital est plus rapide et plus efficace.

Cette fluidité du capital, si elle assure une orientation plus efficace de l'épargne vers les meilleurs projets, a pour effet secondaire d'accroître le risque des emplois. Contrairement aux années 1970, où l'État et la Banque de France soutenaient tout type d'entreprise existante à bout de bras, à partir des années 1980, les canards boiteux ont été poussés vers la sortie, afin de dégager des sources de financement pour les entreprises qui souhaitaient se développer. Marianne Bertrand et ses coauteurs ont montré qu'après 1985, dans les secteurs très dépendants du financement bancaire, les entreprises peu rentables se sont davantage mises à faire faillite. De manière générale, dans ces secteurs, plus d'entreprises, plus d'emplois ont disparu après 1985. La brutalité de cette sélection darwinienne a été compensée par la réallocation du capital ainsi libéré aux nouvelles entreprises : les créations d'entreprises nouvelles ont exactement compensé le surcroît de destructions. Les emplois ainsi créés ont été plus importants[1]. Donc l'effet net sur l'emploi de cette accélération de la création destructrice a été positif. Mais le risque de perdre son emploi, pour chaque salarié, a nettement augmenté.

Les réformes du marché financier ont également accru le risque supporté par les grandes entreprises cotées en Bourse, car elles ont changé la nature de leurs actionnaires. Après la libéralisation, l'actionnaire est devenu plus professionnel, mieux diversifié. Contrairement à la famille fondatrice ou au petit porteur, qui ont investi l'essentiel de leur richesse dans une seule firme, l'actionnaire des temps modernes n'a pas tous ses œufs dans le même panier ; il est moins sensible aux aléas d'une entreprise donnée. Il est même prêt à accepter plus de prise de risque tant que cela s'accompagne d'un rendement moyen supérieur. Par exemple, le nouvel actionnaire va être plus enclin à accepter que tel constructeur automobile se recentre sur le marché des petites voitures, même si celui-ci est très cyclique, car en se spécialisant, le constructeur diminuera ses coûts et améliorera ses marges. Il va favoriser des entreprises à « géométrie variable », dont la taille peut mieux épouser les contours de sa demande. Ce surcroît de risque, l'investisseur new-look l'accepte, et même le recherche, car il s'accompagne de profits plus élevés, et parce qu'il peut le diversifier.

Ce raisonnement économique est confirmé par les données[2]. Les entreprises cotées en Bourse, en France, sont

1. Voir Marianne Bertrand *et alii, op. cit.*

2. David Thesmar et Mathias Thoenig, « Financial Market Development and the Rise in Firm Level Uncertainty », Document de travail du CEPR, n° 4761, 2004.

devenues plus volatiles dans les années 1990, si on les compare aux entreprises non cotées en Bourse. Leur chiffre d'affaires et leurs emplois sont devenus plus incertains. En devenant à la fois plus flexibles et plus recentrées sur leur cœur d'activité, elles ont augmenté leur productivité, mais sans devenir plus rentables pour autant, la concurrence étant féroce : lorsque les concurrents réduisent tous leurs coûts, ce ne sont pas les marges qui augmentent, mais les prix qui baissent. Ainsi, si les marchés financiers ont poussé les entreprises à être plus flexibles, les gains de productivité ont été entièrement rétrocédés aux consommateurs, via la concurrence et les baisses de prix.

Un marché du capital plus fluide a donc de nombreuses vertus : il permet une meilleure allocation du capital entre les différentes entreprises. Il permet de réallouer rapidement les ressources vers les entreprises qui croissent, et hâte le déclin de celles qui stagnent. Il donne aux entreprises les moyens de leurs ambitions, le coût du capital devenant plus insensible au risque ; il encourage leur flexibilité, ce qui contente un consommateur toujours plus versatile et plus exigeant. Le revers de cette médaille est que les emplois eux aussi deviennent précaires. Éric Maurin et Pauline Givord ont calculé qu'en France, la probabilité de perdre son emploi, pour un salarié moyen, a augmenté d'environ 30 % entre les années 1980 et les années 1990 [1]. Sans en être la cause unique, les réformes financières ont encouragé cette évolution. Or, dans un pays où le marché du travail est relativement rigide, l'incertitude décourage

1. Éric Maurin et Pauline Givord, « Changes in Job Security and Their Causes : An Empirical Analysis on France, 1982-2002 », *European Economic Review*, 2004.

l'entrepreneur d'embaucher. Toute décision de création d'emploi est vécue comme un investissement très lourd, alors même que l'on est de moins en moins certain de sa viabilité. Ainsi branchée sur un marché du travail rigide, la libéralisation financière des années 1980 a créé les nouvelles modalités du conflit capital-travail, et rendu la finance plus insupportable à nos compatriotes.

Pour résumer, la grande réforme financière des années 1980 a consisté à greffer une plomberie financière ultra-moderne sur notre système productif, sans vraiment s'inquiéter des flux qui allaient l'irriguer : notre système de retraites ne créant pas les conditions d'une épargne en actions, ce sont des investisseurs étrangers qui ont acheté nos entreprises. Ceci a créé deux sources de tension qui sont au cœur du rejet du capitalisme. Tout d'abord, l'apparition d'un fossé entre l'intérêt économique de nos concitoyens et la performance des entreprises du pays. Dans une société de créanciers, le politique, de droite comme de gauche, est poussé par l'électeur à freiner la prise de risque des entreprises fût-ce en sacrifiant la croissance, voire à exproprier les actionnaires au prix de notre crédibilité. Enfin, pour limiter la perte de contrôle et d'identité, les politiques ont initialement amarré nos grands champions au pays en plaçant à leur tête des équipes d'anciens hauts fonctionnaires du sérail. Aujourd'hui, ces élites dirigeantes peinent à trouver un discours qui ne soit pas ambigu : sont-elles au service du peuple ou de l'actionnaire ? Dans les faits, elles ont adopté la valeur actionnariale comme critère de performance objectif, donnant au salarié le sentiment d'une trahison impardonnable. Car entre l'actionnaire diversifié et le salarié angoissé par le chômage, le conflit d'intérêts est bien réel. La fluidité des capitaux permet l'ambition industrielle. Notre société ne pourra cependant tirer bénéfice sereinement de la révolution financière que lorsqu'un marché du travail plus mobile sera en mesure d'absorber les risques accrus qui sont la contrepartie d'une croissance plus forte.

Conclusion

Les Français rejettent la logique de marché. Ce fait, les hommes politiques l'intègrent comme une contrainte culturelle dans la formulation des projets qu'ils nous proposent. Ceux qui animent le débat d'idées se démarquent aussi, presque par réflexe, des propositions dont l'inspiration libérale serait trop explicite. Ces idées sont souvent qualifiées de naïves, inadaptées aux spécificités de notre paysage national. Paradoxalement, pour être présentable, le discours libéral doit se centrer sur les « garde-fous », sur les « contre-pouvoirs » à apporter à la sauvagerie du marché. Par exemple, dans une interview récente au journal *Les Échos*, un homme politique de premier plan, juste après s'être déclaré « libéral », pondère son propos en affirmant le « besoin d'un instrument financier public pour des prises de participation dans des entreprises stratégiques, dont la base et le cœur pourrait être la Caisse des dépôts [1] ». Manière de crédibiliser le propos en disant : je ne suis pas naïf.

1. 9 novembre 2006.

Ce livre n'est pas une profession de foi libérale mais une tentative de décryptage de ce tabou du marché et des contradictions qu'il induit. L'allergie au marché va de pair dans le discours qui la traduit avec l'enracinement de poncifs économiques infondés. Ainsi, la conviction que les marchés financiers obligent les managers à sacrifier la logique de long terme (la croissance, l'investissement) pour générer des profits de court terme est aux antipodes de ce qu'on observe : la Bourse se montre capable de financer des entreprise qui ne deviendront profitables que dans des décennies, en particulier dans les secteurs high-tech, qui sont précisément ceux où l'économie américaine, pourtant le sanctuaire de la « financiarisation débridée », nous a le plus devancés. De même, les OPA hostiles, souvent dénoncées comme des raids spéculatifs, sont en réalité un mécanisme de gouvernance d'entreprise irremplaçable, qui assure un fort niveau de compétition des équipes dirigeantes. Ceux qui profitent le plus directement de l'entretien des mythes qui diabolisent la finance ne sont pas toujours ceux que l'on croit : les élites managériales, bien plus que les cols bleus, gagnent à mettre à l'abri leur entreprise des pressions financières. Rien d'étonnant donc à ce que certains grands patrons se fassent les plus tonitruants troubadours de la « logique industrielle » contre la « logique financière ».

Cette tension entre le management et les financiers n'est cependant pas une particularité gauloise et laisse donc ouverte la question de la singularité du cas français. Cette question est d'autant plus mystérieuse qu'en dépit d'une croyance fort répandue, ce n'est pas l'histoire qui nous prédispose à l'anti-libéralisme : il est utile de creuser le passé pour réaliser à quel point le libéralisme n'est pas un produit anglo-saxon. La France des années 1920, société de petits propriétaires, partageait bien des traits dans ses comportements et son régime économiques avec l'Amérique d'aujourd'hui : méfiance à l'égard de l'intervention publique, large développement des marchés financiers, épargne en actions, protection pointilleuse de la propriété privée.

Bien plus que nos racines culturelles anciennes, c'est selon nous en grande partie le souvenir nostalgique des Trente Glorieuses qui continue à faire rimer dans l'esprit de nos compatriotes économie mixte avec croissance. Or ce sont les circonstances exceptionnelles de la reconstruction d'après guerre qui faisaient de la planification un régime économique efficace. Lorsque pour croître, il ne s'agit plus de rattraper mais d'innover, la centralisation des décisions ne fonctionne plus et il devient très coûteux d'entraver le bouillonnement des initiatives privées qu'autorise le marché financier. Le décrochage de la France dans le secteur des hautes technologies est le symptôme de cette inefficacité. Ces entraves de l'intervention publique peuvent être directes ou indirectes : subventionner un « champion national », c'est par exemple créer une situation de compétition déloyale qui limite l'entrée d'autres acteurs.

Cette intuition de la nécessité de libérer les marchés financiers et les grandes entreprises du contrôle de l'État avait fini par s'imposer avec clarté dans les années 1980, lorsque les socialistes avaient pu prendre la mesure directe des coûts économiques de l'intervention publique tous azimuts. La libéralisation financière accomplie par Pierre Bérégovoy est allée très loin dans la modernisation de notre plomberie financière, sans pour autant penser la canalisation de l'épargne vers les nouveaux circuits financiers et la nécessité d'adapter le marché du travail aux réallocations d'un capital désormais plus fluide. La singularité idéologique française trouve ici son double : la majorité des actions de nos grandes entreprises sont détenues par des étrangers, créant les conditions d'un sentiment d'illégitimité de la valeur actionnariale comme critère de performance managériale. Afin d'éviter une perte de contrôle trop poussée, on a fait en sorte que les grandes entreprises privatisées restent pilotées par des élites proches de l'État, en général d'anciens hauts fonctionnaires, suscitant un certain sentiment d'ambiguïté su la fonction de ces grands patrons : mercenaires de l'actionnaire, ou garants de l'intérêt public.

La France n'a donc pas totalement accompli sa sortie de l'économie mixte : plus qu'ailleurs, un fort niveau de concertation des entreprises avec l'État s'impose comme une évidence dès que des emplois, de grosses acquisitions ou des faillites sont en jeu. Accompagnant la résurgence du nationalisme économique, l'idée de faire jouer à l'État un rôle de grand planificateur de l'innovation est revenue sur le devant de la scène.

Ce fantasme d'un retour à l'économie dirigée n'est pourtant guère prometteur : une « exception économique » française, renforçant les interventions directes de l'État pour domestiquer le marché, serait dans le contexte d'une économie mondialisée une construction hasardeuse. Les marchés financiers fournissent une technologie d'allocation des efforts et du capital. Interférer avec cette technologie est nuisible, car la logique des marchés est d'anticiper sur le futur : en définitive, les décisions qui maximisent la valeur actionnariale ne sont pas des lubies de spéculateurs mais celles qu'imposent les goûts des consommateurs et la concurrence sur le marché des biens. De plus, si le retour au dirigisme répond à une angoisse, il ne répond certainement pas aux aspirations des Français qui montrent au contraire leur attrait pour des mécanismes de décision plus décentralisés et participatifs. Plus que jamais il est donc opportun de faire comprendre que le marché est avant tout une manière de donner la parole à « la sagesse de la foule » plutôt qu'à l'arbitraire des décisions d'experts, une technologie de démocratie directe en somme.

Cependant, il ne s'agit certainement pas d'être candide et de nier que ces rapides mouvements de recomposition spontanés que le marché financier appelle engendrent parfois des situations d'importante souffrance sociale pour les employés et les collectivités. Il y a souvent sur cette question un malentendu : promouvoir les mécanismes de marché, ce n'est pas s'opposer à une redistribution juste des fruits de la croissance. Il faut en revanche repenser la machine à réduire les inégalités pour qu'elle n'interfère pas avec le marché. Protéger les emplois, empêcher les entreprises de fusionner est une méthode bien coûteuse pour obtenir la justice sociale.

Il ne s'agit pas d'une utopie d'idéologue, ni d'une soumission irraisonnée à l'économie de marché. Même s'ils sont coûteux, des processus d'assurance et d'aide à la mobilité sont bien plus efficaces que des interventions consistant à empêcher les entreprises de réallouer leur capital, car ils ne brouillent pas le fonctionnement du marché, mais au contraire, viennent le compléter en permettant aux salariés concernés de se redéployer rapidement vers des activités où leur travail est mieux valorisé. Bien que la facture n'en soit pas directement lisible, il ne faut pas se leurrer, l'interférence directe de l'État sur le marché se paye en précieux points de croissance. La redistribution n'est quant à elle ni l'antithèse ni l'ennemie du marché, elle en est au contraire le complément indispensable.

Cette élaboration souhaitable de nouveaux mécanismes redistributifs, bien moins intrusifs que des décisions de veto au cas par cas de l'État sur les décisions des entreprises, a une portée très générale. Prenons un exemple : les salaires des grands patrons ont augmenté beaucoup plus vite que ceux des cadres ou des ouvriers, créant un fort sentiment d'indécence et d'injustice. Est-ce une bonne idée d'attaquer ce problème en imposant un seuil maximum aux sommes que les entreprises peuvent verser à leur patron ? La réponse est bien évidemment non : on bloquerait alors l'allocation efficace du talent managérial puisqu'il deviendrait plus difficile de « séduire » un dirigeant pour le convaincre de rejoindre une nouvelle équipe. Un peu comme les clubs de football, beaucoup plus grosses qu'il y a vingt ans, nos grandes entreprises sont prêtes à mettre bien plus sur la table pour attirer ou garder à leur tête les meilleurs dirigeants : c'est ce qui explique la très forte hausse de leurs rémunérations[1]. Tout le monde bénéficie de cette bonne allocation des hommes : les entreprises qui

1. Cette thèse est défendue par Xavier Gabaix et Augustin Landier dans « Why has CEO pay increased so much ? », NBER Working Paper, 2006.

ont le plus d'opportunités de croître, d'investir et d'embaucher, reçoivent ceux qui sont les mieux à même de les développer. Plutôt que de bloquer ce mécanisme de compétition entre entreprises, qui permet que les dirigeants considérés comme les plus talentueux se retrouvent aux manettes des entreprises où ils ont le plus d'impact (en général les plus grosses), on peut envisager des mécanismes de taxation ou d'incitation au reversement de ces rentes managériales à des causes nationales ou charitables. On rend ainsi compatible une allocation efficace du talent avec un objectif d'équité.

Seconde piste politique pour rendre au capitalisme sa légitimité : il est indispensable d'encourager les Français à reprendre possession de leur outil de production en encourageant massivement la détention d'actions. Ce n'est en effet qu'à condition de percevoir les dividendes de la croissance que nous pourrons réorienter nos préférences collectives vers un objectif qui vise le succès économique et non simplement la sécurité. Contrairement à l'intuition gaullienne de la participation, la seule véritable solution est une profonde réforme du financement de nos retraites. On ne peut pas encourager les Français à investir toute leur épargne dans une seule entreprise, mais on peut les convaincre qu'un investissement de très long terme dans les actions de toutes les entreprises fournira un complément utile et peu risqué au système par répartition.

Cette évolution est seule à même de créer un soutien politique durable pour un développement financier dont on sait qu'il propulse la croissance économique. Elle permettra à nos compatriotes de reprendre le contrôle de notre tissu productif. Elle leur donnera davantage de pouvoir d'achat, via le rendement très généreux des actions des multinationales qui bénéficient à plein de la globalisation. Elle leur rendra confiance en l'avenir via l'équilibre restauré du régime de retraite. Car l'inquiétude est là : selon un sondage récemment mené par IFOP, un système de financement mixte (répartition et capitalisation) a la préférence de 62 % des Français. Seuls 23 % d'entre eux pensent que l'avenir des retraites doit reposer sur la pure répartition. L'opinion est prête : il faut saisir l'occasion.

Remerciements

Ce projet a bénéficié du soutien affectif et intellectuel de nos proches. Merci à toi Fleur pour tes encouragements et ton goût inlassable de la polémique. Bien qu'écrit en un temps relativement court, ce livre a mûri au cours de nombreuses discussions avec nos collègues à New York University, à HEC et ailleurs. Pour leur relecture attentive et leurs conseils précieux, nous sommes tout particulièrement redevables à Sophie Berlin, Séverine Marin, Domitille Méheut, Éloïc Peyrache, David Sraer, Thomas Philippon et Nicolas Véron.

Table des matières

Composition et mise en page

NORD COMPO
multimédia

Achevé d'imprimer par Dupli-Print (95)
en décembre 2014
N° d'édition : L.01EHQN000173.N001
Dépôt légal : février 2008
N° d'impression : 2014120455

Imprimé en France